كتاب الطبخ ماتشا النهائي

اكتشف المزايا المتعددة للاستخدامات الصحية لماتشا مع أكثر من 100 وصفة لذيذة

راذعلا نمؤم

جدول المحتويات

6

مقدمة

انتشرت ممارسة تحضير مسحوق الشاي وشربه لأول مرة منذ أكثر من 900 عام من قبل رهبان البوذيين الصينيين. لذلك فإن تحضير الماتشا التقليدي هو طقوس وتأمل بطبيعته ، ويتطلب أدوات مألوفة ويتبع عملية دقيقة خطوة بخطوة.

في القرن الحادي عشر ، تم تقاسم هذه الطقوس مع اليابانيين ، الذين كانوا يحضرون ويحتسون مشروب الشاي الرغوي منذ ذلك الحين. حتى عندما تراجعت شعبية الشاي المجفف في أجزاء أخرى من شرق آسيا ، فقد حافظ باستمرار على مكانته البارزة في الثقافة اليابانية. في القرن الحالي ، يجد الطهاة الرئيسيون طرقًا وتقنيات إبداعية لدمج شاي الماتشا في وصفات الطعام! إذا كنت من محبي الماتشا أو تتطلع إلى دمج هذا الطعام الخارق في نظامك الغذائي ، فإن كتاب الطبخ هذا مناسب لك!

يحتوي كتاب كتاب الطبخ ماتشا النهائي على أكثر من 100 وصفة لذيذة وصحية ، بما في ذلك وجبات الإفطار والوجبات الخفيفة والحلويات والمشروبات. من فطائر الماتشا وأوعية السموثي إلى آيس كريم الماتشا والكعك ، يحتوي كتاب الطبخ هذا على شيء للجميع.
تشتهر ماتشا بفوائدها الصحية العديدة ، بما في ذلك كونها غنية بمضادات الأكسدة وتعزز الاسترخاء والتركيز. مع كتاب الطبخ هذا ، لن تستمتع فقط بالمذاق اللذيذ لماتشا ، ولكنك ستجني أيضًا الفوائد الصحية التي تأتي معها.
من السهل اتباع جميع الوصفات الموجودة في كتاب الطبخ هذا واستخدام مكونات بسيطة يمكن العثور عليها في متجر البقالة المحلي أو عبر الإنترنت. سواء كنت طاهياً متمرسًا أو مبتدئًا في المطبخ ، فإن كتاب الطبخ هذا يحتوي على كل ما تحتاجه لإعداد وجبات ماتشا لذيذة وصحية.

هنا 100 وصفة مذهلة. طبخ سعيد مع ماتشا!

الإفطار والبرانش

1. شاي ماتشا

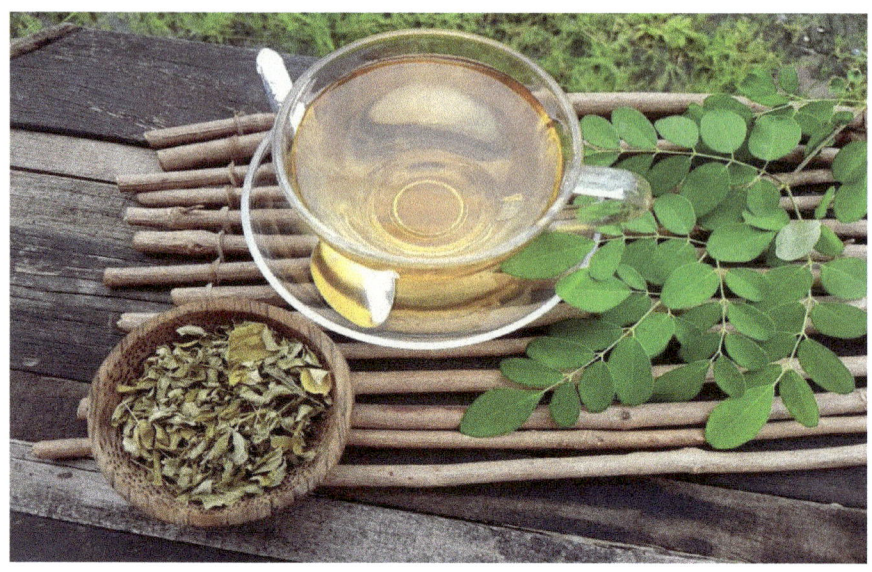

يجعل: 2

مكونات:

● 800 مل ماء
● 5-6 أوراق نعناع - ممزقة
● 1 ملعقة صغيرة بذور كمون
● 2 ملعقة صغيرة مسحوق ماتشا
● 1 ملعقة كبيرة عصير ليمون / ليمون
● 1 ملعقة صغيرة عسل عضوي كمحلي

تعليمات:

a) احضر 4 أكواب من الماء حتى يغلي.

b) أضف 5-6 أوراق نعناع و 1 ملعقة صغيرة من بذور الكمون / الجيرة.

c) اتركه يغلي حتى ينخفض الماء إلى نصف الكمية.

d) 2 ملاعق صغيرة من مسحوق الماتشا.

e) قم بضبط الحرارة على درجة عالية ، عندما تزبد و تصعد ، أطفئ الحرارة.

f) غطيه بغطاء واتركيه لمدة 4-5 دقائق.

g) بعد 5 دقائق ، صفي الشاي في كوب.

h) أضف العسل العضوي حسب الرغبة واعصره في عصير الليمون الطازج.

2. ماتشا كب كيك

مكونات:
- ½ زيت جوز الهند البكر بدلا من الزبدة أو السمن
- نصف كوب سكر
- 3 بيضات
- 2 كوب طحين لجميع الأغراض
- 3 ملاعق صغيرة بيكنج بودر
- 1 ملعقة صغيرة ملح
- 1 ملعقة صغيرة فانيليا
- نصف كوب حليب
- 3 ملاعق كبيرة مسحوق ماتشا

تعليمات:
a) نخل الدقيق متعدد الاستخدامات والبيكنج بودر والملح معًا. اجلس جانبا.

b) كريم معا زيت جوز الهند البكر والسكر.

c) أضيفي البيض إلى مزيج زيت جوز الهند والسكر. مزج.

d) يُضاف ويُخلط الفانيليا والحليب ومسحوق الماتشا.

e) ثم تضاف المكونات الجافة الموضوعة جانبا.

f) يُسكب المزيج في قالب كب كيك مدهون بالزبدة حتى يمتلئ ثلثاها.

g) تُخبز في فرن مُسخن مسبقًا 450 درجة فهرنهايت لمدة 25 دقيقة.

3. العسل ماتشا لاتيه

يجعل: 2 حصص

مكونات:

- ملعقة شاي ماتشا
- 1 كوب حليب
- اختياري: العسل

تعليمات:

a) قم بإذابة مسحوق الماتشا برشة من الماء الساخن لتشكيل شراب.

b) رغوة الحليب الساخن: يمكنك استخدام جهاز إزباد الحليب أو تسخينه في قدر وإضافة الحليب إلى الخلاط مع الشراب لإحداث تأثير رغوي.

4. ماتشا مورينجا وشوفان الكيوي

يجعل: 1 حصة

مكونات
- نصف كوب شوفان عتيق
- نصف كوب حليب
- نصف كوب زبادي يوناني
- 1 ملعقة صغيرة مسحوق ماتشا
- 1 ملعقة صغيرة من مسحوق المورينجا
- 1 كوب كيوي
- 2 ملاعق صغيرة بذور القنب
- 1 ملعقة صغيرة عسل
- اندفاعة من مستخلص الفانيليا

تعليمات
a) قس جميع المكونات في برطمان أو وعاء واخلطها جيدًا.
b) برد واستمتع في صباح اليوم التالي!

5. وعاء حليب جوز الهند ماتشا

يجعل: 2 حصص

مكونات:
- 2 حبة موز
- نصف كوب حليب جوز الهند
- نصف كوب ماء
- ¼ أفوكادو
- 1 ملعقة صغيرة ماتشا
- رذاذ من العسل

تعليمات:
a) امزج مكوناتك
b) تصب في وعاء جميل
c) تزيين بالفواكه المفضلة لديك.

6. توت العليق وماتشا جرانولا

يجعل: 2

مكونات:

- 1 كوب شوفان عتيق
- 2 كوب دقيق لجميع الأغراض
- ⅔أكواب سكر
- 1 ملعقة كبيرة بيكنج بودر
- 2 ملاعق كبيرة ماتشا ، منخول
- نصف ملعقة صغيرة ملح
- 2/1 1 كوب حليب
- 2 ملاعق صغيرة من خلاصة الفانيليا
- 2 بيضة مخفوقة
- عبوة 6 أونصات من اللبن الزبادي اليوناني الخالي من الدسم
- ⅓كوب زيت جوز الهند ، في حالة سائلة
- 1 رطل من توت العليق ، مكعبات
- رذاذ غير لاصق
- سكر الصنفرة ، للانتهاء

تعليمات:

a) سخني الفرن على حرارة 200 درجة مئوية. ضع 8 بطانات كب كيك في كل علبة ، ثم رش عليها برفق بطبقة من الرذاذ المقاوم للالتصاق.

b) في وعاء خلط واحد ، اخلطي جميع المكونات الجافة. في وعاء خلط آخر ، اخلطي جميع المكونات الرطبة. اخلطي المكونات المبللة ببطء في الجاف حتى تمتزج تمامًا. اخلطي الفراولة المقطعة برفق. استخدم ملعقة أو مغرفة آيس كريم لملء البطانات حتى يصبح الخليط خجولًا تمامًا من الحافة العلوية للبطانة.

c) رشي السطح بسكر الصنفرة للحصول على قشرة مافن مقرمشة.

d) اخبزي الكعك على حرارة 200 درجة مئوية لأول 10 دقائق ، ثم اخفضي الحرارة إلى 80 درجة مئوية لمدة 12-15 دقيقة أخرى تقريبًا حتى يصبح السطح ذهبيًا جدًا ويخرج عود أسنان نظيفًا.

e) عندما تبرد الكعك بدرجة كافية لتحملها ، انقلها إلى رف التبريد. إذا قمت بتقديم الفطائر على الفور ، فقد تميل إلى الالتصاق بالبطانات. انتظر حتى تبرد تمامًا ويجب أن تتحرر بسهولة.

7. خبز ماتشا الحبوب الكاملة

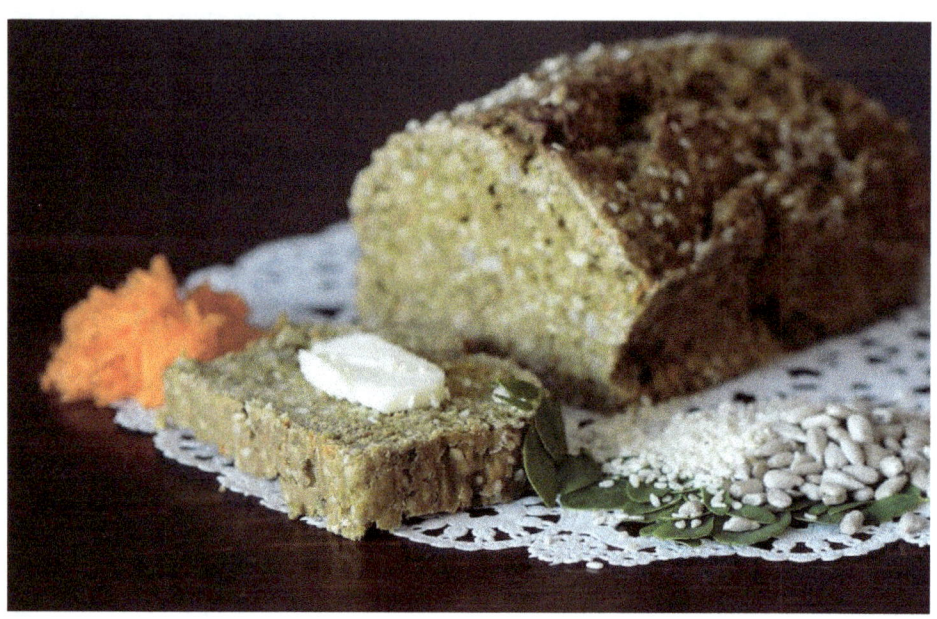

يجعل: 2 رغيف صغير

مكونات
- 4 أكواب دقيق الحنطة
- 1 كوب بذور نيئة مختلطة
- 3 حبات متوسطة الحجم مبشورة ناعماً
- 2 كوب ماء دافئ
- 1.5 ملعقة صغيرة خميرة
- 2 ملعقة صغيرة ملح
- 2 ملاعق كبيرة من مسحوق الماتشا

تعليمات
a) تخفيف الخميرة في الماء الدافئ.

b) أضف جميع المكونات في وعاء خلط كبير.

c) تخلط حتى تصبح عجينة رطبة أو كل المكونات مبللة. إذا كان متاحًا ، استخدم الخلاط اليدوي أو الخلاط اليدوي مع خطاف العجين.

d) تُوزّع العجينة في قوالب رغيف صغيرة مُعدّة. نرش العجين ببذور السمسم.

e) ضع مقالي رغيفين صغيرين على الرف الأوسط للفرن البارد. اضبط درجة حرارة الفرن على 400 درجة فهرنهايت.

f) اخبزي خبز الماتشا لمدة 45-50 دقيقة أو حتى يمكنك إدخال عود أسنان وإزالته دون أن يلتصق العجين بعود الأسنان.

8. فطائر الماتشا بحشوة الفطر

يجعل: 8 حصص

مكونات:
لتحضير الفطائر:
- 2 ملعقة صغيرة مسحوق ماتشا
- 1 كوب دقيق الحنطة السوداء
- 3 بيضات مخفوقة
- 2 كوب حليب شوفان
- كوب ماء مفلتر
- رشة ملح وردي
- 2 حفنة من السبانخ الطازجة
- حفنة صغيرة من الريحان الطازج
- 1 ملعقة صغيرة أعشاب مشكلة
- زيت جوز الهند للقلي

لملء:
- 2 فص ثوم
- 250 جرام فطر كستناء
- 2 ملعقة صغيرة زيت جوز الهند
- 1 ملعقة صغيرة أعشاب مشكلة
- رشة ملح وردي + فلفل
- ⅔ كوب حليب كاجو محلي الصنع
- 1 ملعقة طعام من رقائق الخميرة الغذائية
- بضع أوراق ريحان طازجة
- حفنة صغيرة من السبانخ الطازجة

تعليمات:

a) لتحضير عجينة البان كيك ، أضيفي جميع المكونات ما عدا زيت جوز الهند إلى الخلاط واخلطيها حتى تصبح ناعمة.

b) نذوب القليل من زيت جوز الهند في مقلاة على نار متوسطة ثم نسكب ملعقتين كبيرتين من خليط البانكيك في المقلاة. تقلى البان كيك على الجانبين لمدة 2-3 دقائق حتى تحمر.

c) للحشوة ، اهرسي فصوص الثوم وقطعي فطر الكستناء تقريبًا. اقليها في القليل من زيت جوز الهند حتى تنضج ، ثم أضيفي الأعشاب المختلطة والملح الوردي والفلفل وحليب الكاجو محلي الصنع.

d) خففي النار على نار هادئة واستمري في التقليب حتى تتكاثف الصلصة. بعد ذلك ، أضيفي رقائق الخميرة الغذائية والريحان الطازج وأوراق السبانخ. قلبي حتى تذبل الأوراق ثم أطفئي النار.

e) ضعي الحشوة في البانكيك بالملعقة ، ثم اطويها.

9. شاي الماتشا والنعناع والليمون المثلج

يصنع: 1 لتر

مكونات:
● 2 أهرامات التطهير: شاي ماتشا سوبر
● 200 مل ماء مغلي
● 800 مل ماء بارد
● 1 ليمون شرائح
● حفنة من أوراق النعناع

ليخدم:
● مكعبات ثلج

تعليمات:

a) صب الماء المغلي على أهرامات الشاي ، وشرائح الليمون وأوراق النعناع في إبريق مقاوم للحرارة واتركها للشرب لمدة 10 دقائق على الأقل. قم بإزالة أهرامات الشاي ، وحركها واتركها لتبرد قبل تعبئتها بالماء البارد.

b) للتقديم ، أضف مكعبات الثلج.

10. كاكاو وماتشا دوناتس

تصنع: 6 قطع دوناتس

مكونات:
بالنسبة للفطائر:
- 1 ملعقة صغيرة مسحوق ماتشا
- 1 ملعقة صغيرة مسحوق سوبر كاكاو
- كوب دقيق الحنطة السوداء
- نصف كوب لوز مطحون
- نصف ملعقة صغيرة من صودا الخبز
- رشة ملح وردي
- نصف كوب سكر جوز الهند
- 1 بيضة مخفوقة
- ½ موزة كبيرة مهروسة
- 1 ملعقة كبيرة شراب القيقب
- سبلاش من حليب اللوز غير المحلى
- 1 ملعقة كبيرة زيت جوز الهند للدهن

من أجل الجليد:
- 2 ملعقة صغيرة من مسحوق الماتشا لتثلج الماتشا
- 2 ملعقة صغيرة مسحوق سوبر كاكاو لتزيين الكاكاو
- 4 ملاعق كبيرة زبدة جوز هند ذائبة جزئياً
- 2 ملاعق كبيرة من العسل الخام أو شراب القيقب

لأعلى:
- حبيبات الكاكاو
- البندق المفروم
- بتلات الورد الصالحة للأكل

تعليمات:

a) سخني الفرن إلى 180 درجة مئوية.

b) لعمل الكعك ، أضيفي دقيق الحنطة السوداء واللوز المطحون وصودا الخبز والملح الوردي وسكر جوز الهند في وعاء كبير.

c) في وعاء منفصل ، اخلطي البيض مع الموز المهروس وشراب القيقب وحليب اللوز وقلبي المكونات المبللة برفق في المكونات الجافة حتى تمتزج تمامًا. يقسم المزيج إلى وعاءين ويقلب في مسحوق الماتشا إلى أحدهما ومسحوق الكاكاو إلى الآخر.

d) دهن صينية الدونات بحذر بزيت جوز الهند واسكب خليط الدونات في القوالب.

e) تُخبز في الفرن لمدة 12-15 دقيقة وتترك لتبرد على رف التبريد قبل التزجيج.

f) لتحضير كريمة الكاكاو والماتشا ، اخلطي زبدة جوز الهند المذابة جزئيًا والعسل. يقسم المزيج إلى وعاءين ويقلب في مسحوق الماتشا إلى أحدهما ومسحوق الكاكاو إلى الآخر. إذا كنت ترغب في الحصول على قوام سائل ، أضف القليل من الماء المغلي أو بعض زبدة جوز الهند المذابة واخلطها جيدًا.

g) اغمس الكعك في كريمة التزيين حتى يتم تغطيتها بالكامل وتغطيتها بالبندق المفروم أو بتلات الورد الصالحة للأكل أو حبيبات الكاكاو.

11. بان كيك الفانيليا ماتشا

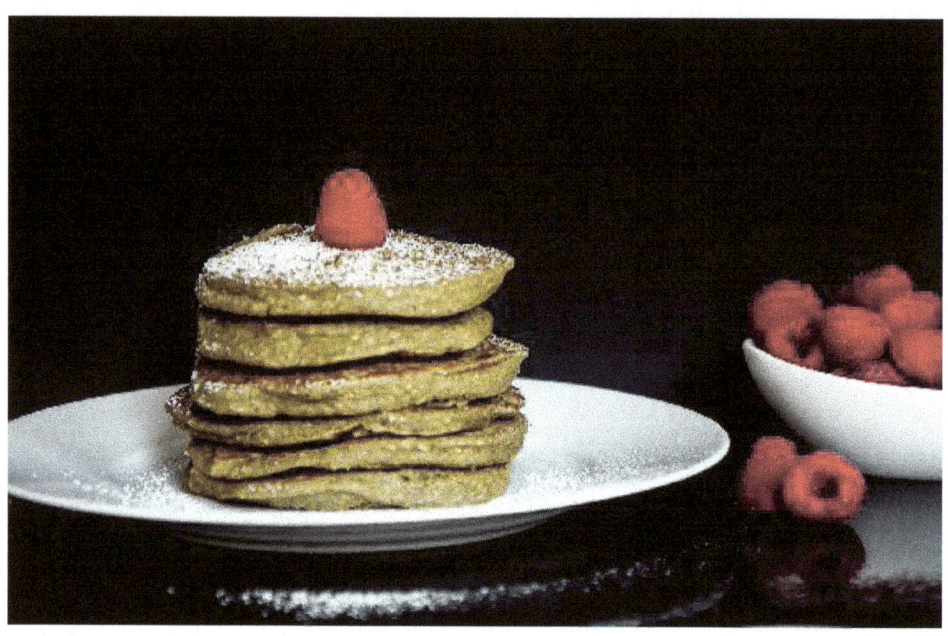

يجعل: 2 حصص

مكونات:

- 1¾ كوب شوفان قديم
- 2 ملاعق كبيرة مسحوق ماتشا غير محلى
- ملعقتان كبيرتان من مزيج بودنغ الفانيليا الخالي من السكر
- 1½ ملعقة صغيرة بيكنج بودر
- 1 ملعقة صغيرة من صودا الخبز
- نصف ملعقة صغيرة ملح
- 2 ملاعق كبيرة زيت جوز الهند مذابة
- 1 ملعقة كبيرة شراب القيقب
- 1 بيضة كبيرة
- 1 ملعقة صغيرة فانيليا
- 1½ كوب حليب قليل الدسم 2٪

تعليمات:

a) أضف جميع المكونات إلى الخلاط. قد يتصلب زيت جوز الهند المذاب عند دمجه مع مكونات أكثر برودة ، لذلك يمكنك تسخين الحليب قليلاً للمساعدة في منع حدوث ذلك إذا كنت ترغب في ذلك.

b) اغسل كل شيء في الخلاط حتى تحصل على سائل ناعم.

c) يُسكب مزيج البان كيك في وعاء كبير.

d) دع الخليط يرتاح لمدة 5 إلى 10 دقائق. هذا يسمح لجميع المكونات بالتجمع معًا ويمنح الخليط تناسقًا أفضل.

e) رش مقلاة أو صينية غير قابلة للالتصاق بكمية وفيرة من الزيت النباتي وتسخينها على نار متوسطة.

f) بمجرد أن تصبح المقلاة ساخنة ، أضف الخليط باستخدام كوب قياس نصف كوب واسكب الخليط في المقلاة لعمل الفطيرة. استخدم كوب القياس للمساعدة في تشكيل الفطيرة.

g) اطهي حتى تتماسك الجوانب وتتشكل الفقاعات في المنتصف ، ثم اقلب الفطيرة.

h) بمجرد أن تنضج البان كيك على هذا الجانب ، أخرجها من الحرارة وضعها على طبق.

i) استمر في هذه الخطوات مع باقي الخليط.

12. خبز العجين المخمر مع الشاي الأخضر

يصنع: 1 رغيف

مكونات:
● 1 كوب شاي أخضر قوي ، فاتر
● 7 أونصات من عجين القمح المخمر
● 1 ملعقة كبيرة ملح
● 5 أكواب دقيق قمح وزيت زيتون للوعاء

تعليمات:
a) تخلط المكونات وتعجن جيدا. اتركي العجينة في وعاء مدهون ومغطى لمدة ساعة.

b) تُسكب العجينة برفق على طاولة الخبز.

c) قم بطي الرغيف برفق وضعه على صينية خبز مدهونة بالزبدة. دعه يرتفع لمدة 30 دقيقة أخرى.

d) درجة حرارة الفرن الأولية: 475 درجة فهرنهايت.

e) نضع الخبز في الفرن ونرش كوب ماء في قاع الفرن. خفض درجة الحرارة إلى 400 درجة فهرنهايت.

f) اخبز الخبز لمدة 25 دقيقة.

13. وعاء عصير ماتشا و Nasturtiums

يجعل: 1

مكونات:
- 1 كوب سبانخ
- 1 موز مجمد
- نصف كوب أناناس
- ملعقة صغيرة مسحوق ماتشا عالي الجودة
- نصف ملعقة صغيرة من خلاصة الفانيليا
- ⅓ كوب حليب لوز غير محلى

تتصدر
- بذور الشيا
- الكبوسين أبو خنجر

تعليمات:

a) ضع جميع مكونات العصير في الخلاط. يُخفق المزيج حتى يصبح ناعمًا ودسمًا.

b) صب العصير في وعاء.

c) رش مع الطبقة وتناول الطعام على الفور.

14. شاي الماتشا والخيار والنعناع المثلج

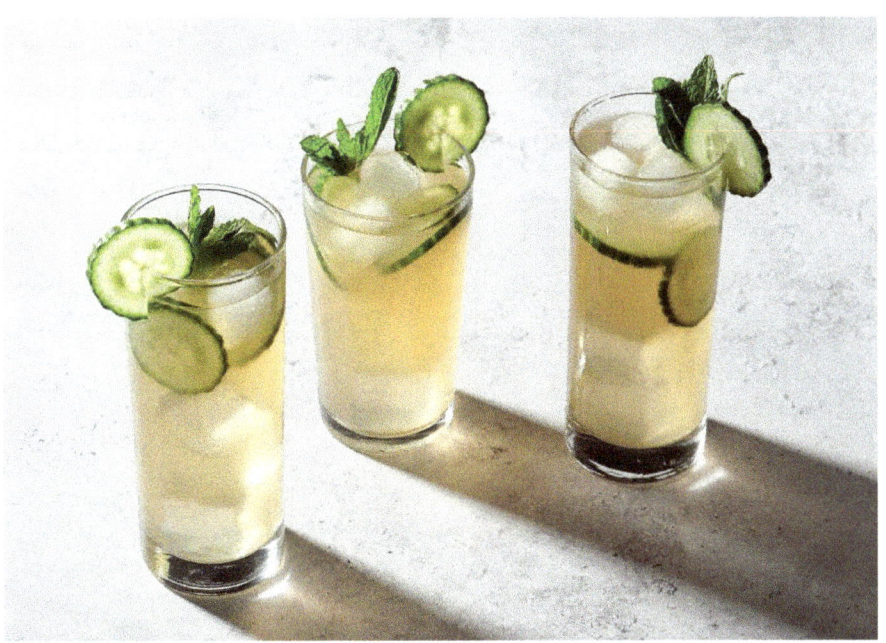

يجعل: 2 حصص

مكونات:

● 1 مغرفة صغيرة من مسحوق الماتشا
● 3 مضخات من شراب الشاي المثلج بالخيار والنعناع
● ماء مبرد + ثلج

تعليمات:

a) يُمزج مسحوق الماتشا والشراب في كوب
b) قم بتعبئة ما يصل إلى ¾ بالماء
c) يقلب ويضاف الثلج لملء

15. دارك ماتشا شوكولاتة ساخنة

يجعل: 2 حصص

مكونات:
- 1 مغرفة شوكولاتة ساخنة داكنة من التجارة العادلة
- 1 مغرفة صغيرة من مسحوق الماتشا
- الحليب على البخار

تعليمات:
a) يُمزج الماتشا مع القليل من الماء الساخن ويُمزج حتى يصبح معجونًا ناعمًا

b) أضف إليها الحليب المبخر مع التحريك أثناء الصب

16. ماتشا فانيلا لاتيه

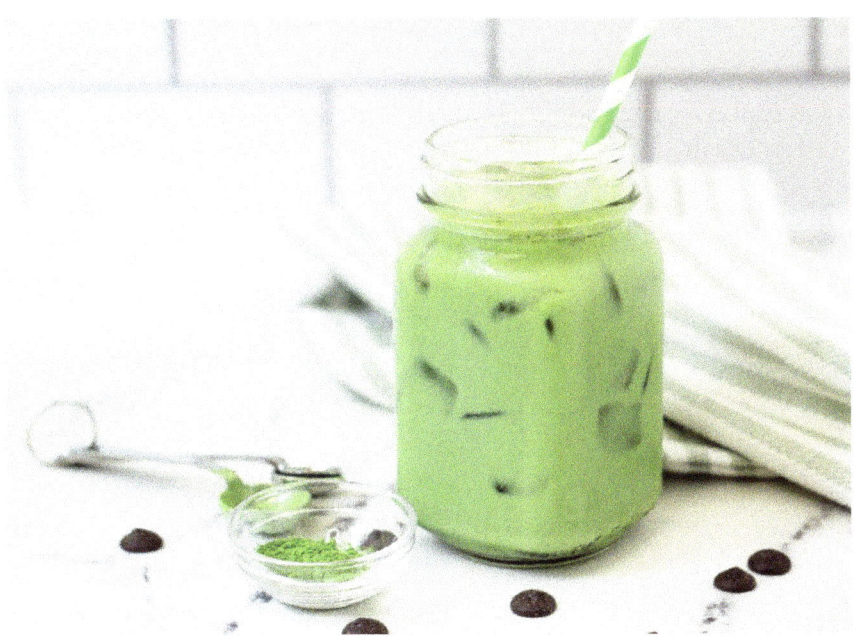

يجعل: 2 حصص

مكونات:

● 2 شراب فانيليا
● 1 مغرفة صغيرة من مسحوق ماتشا ، بالإضافة إلى المزيد من الغبار
● الحليب على البخار

تعليمات:

a) يُمزج الشراب وماتشا في كوب مع القليل من الماء الساخن
b) اخلطيهم حتى يصبحوا عجينة ناعمة
c) أضف إليها الحليب المبخر مع التحريك أثناء الصب
d) غبار الماتشا

17. طبق سموثي الإفطار

يجعل: 2 حصص

مكونات:

● 2 حبة موز
● نصف كوب حليب لوز
● نصف كوب ماء
● ¼ أفوكادو
● 1 ملعقة شاي شاي أخضر ماتشا
● رذاذ من العسل

تعليمات:

d) امزج مكوناتك
e) تصب في وعاء جميل
f) تزيين بالفواكه المفضلة لديك.

18. كاجو ماتشا لاتيه

يجعل: 2 حصص

مكونات:

- ملعقة صغيرة من شاي الماتشا الأخضر
- 1 كوب حليب كاجو
- اختياري: العسل

تعليمات:

c) قم بإذابة مسحوق الماتشا برشة من الماء الساخن لتشكيل شراب.

d) زبد الكاجو بالحليب الساخن وأضفه إلى الخلاط مع الشراب لخلق تأثير رغوي.

19. ماتشا الشوفان

يجعل: 1 حصة

مكونات
- نصف كوب شوفان عتيق
- نصف كوب حليب أو بديل حليب من اختيارك
- نصف كوب زبادي يوناني
- 1 ملعقة صغيرة مسحوق ماتشا
- 2 ملاعق صغيرة من بذور الشيا
- 1 ملعقة صغيرة عسل
- اندفاعة من مستخلص الفانيليا

تعليمات
c) قس جميع المكونات في برطمان أو وعاء واخلطها جيدًا.
d) برد واستمتع في صباح اليوم التالي!

20. روز ماتشا لاتیه

يجعل 1:

مكونات:

● ملعقتان صغيرتان من مسحوق الماتشا مع براعم الورد
● 1 ملعقة كبيرة ماء ساخن
● 4 أونصات من حليب الشوفان الساخن أو غيرها من منتجات الألبان
● 1 ملعقة صغيرة عسل (اختياري)

تعليمات

a) نخل مسحوق الماتشا في كوب.

b) يضاف الماء ويقلب حتى لا تبقى كتل. يُسكب الحليب مع الخفق حتى يصبح المشروب رغويًا.

c) أضف العسل إذا رغبت في ذلك.

وجبات خفيفة ومقبلات

21. النعناع ماتشا أوريوس

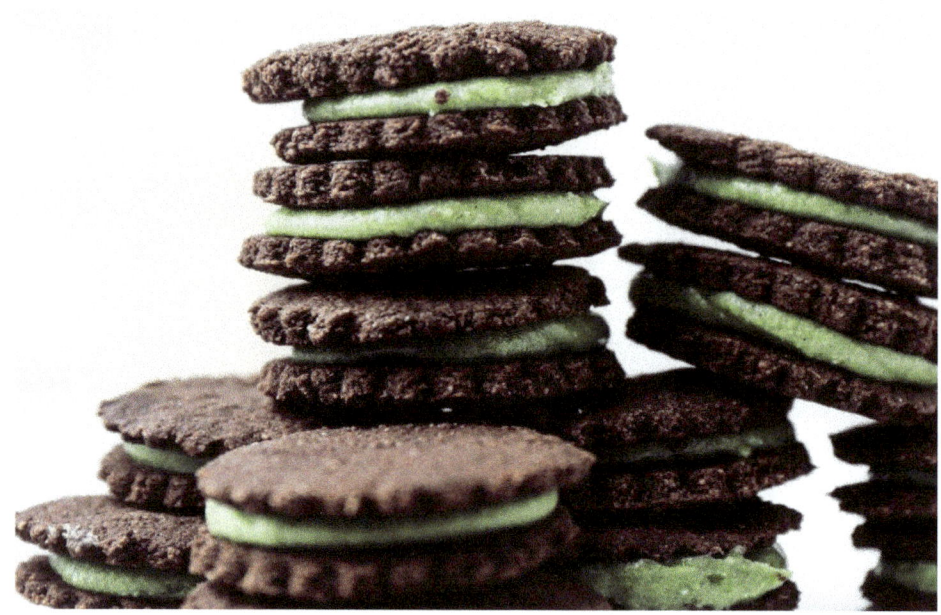

يجعل: 20-24

مكونات:
- 1 كوب دقيق الشوفان
- نصف كوب مسحوق كاكاو
- نصف كوب سكر جوز الهند أو سكر أبيض / بني
- نصف ملعقة صغيرة بيكنج بودر
- نصف ملعقة صغيرة ملح
- نصف كوب زيت جوز الهند
- نصف كوب حليب من اختيارك

لتحضير كريم ماتشا النعناع
- 1 كوب كاجو - يفضل نقعه لمدة 4 ساعات
- ملعقتان كبيرتان من شراب القيقب أو محلي سائل من اختيارك
- 1 ملعقة طعام زيت جوز الهند
- نصف كوب حليب
- 1 ملعقة صغيرة فيرا ماتشا
- 1 ملعقة صغيرة مستخلص نعناع

تعليمات:

a) سخني الفرن إلى 350 درجة فهرنهايت.

b) اخلطي الدقيق والكاكاو والسكر والبيكنج بودر والملح في وعاء. أضف زيت جوز الهند والحليب. امزج حتى تتجانس.

c) انقلي العجينة على سطح مطحون جيدًا. افردها على شكل مستطيل بسمك بوصة واستخدم قاطع ملفات تعريف الارتباط لتقطيع ملفات تعريف الارتباط.

d) رتبيها على صينية خبز مبطنة واخبزيها لمدة 15-20 دقيقة. اتركيه ليبرد تمامًا.

e) امزج جميع مكونات الحشوة في الخلاط حتى تصبح ناعمة.

f) وزعي طبقة رقيقة من الحشوة على أحد البسكويت وضعي فوقه طبقة أخرى.

g) يخزن في وعاء محكم الغلق لمدة تصل إلى 4 أيام.

h) يتمتع!

22. كوكيز جرين تي فورتشن

يصنع: 18 كعكة ثروة كبيرة

مكونات
● نصف كوب سكر
● 3 بياض بيض كبير
● 4 أونصات زبدة غير مملحة ، مذابة ومبردة
● كوب دقيق لجميع الأغراض
● 1 ملعقة طعام من مسحوق شاي الماتشا الأخضر
● 18 ثروة ورقية صغيرة

تعليمات:

a) في وعاء متوسط ، اخفقي السكر مع بياض البيض والزبدة والدقيق ومسحوق الشاي الأخضر حتى يصبح المزيج ناعمًا. غطي الخليط وضعيه في الثلاجة لمدة ساعة.

b) سخني الفرن إلى 325 درجة وضعي صينية الخبز بساط سيليكون. احصل على كوب قهوة وعلبة مافن بالحجم القياسي في متناول يديك.

c) اسكبي كومة من الخليط بحجم ملعقتين كبيرتين على صينية الخبز ، على بعد 6 بوصات. باستخدام ملعقة تعويض ، انشر الخليط لعمل جولتين بحجم 6 بوصات.

d) تُخبز في وسط الفرن لمدة 12 إلى 14 دقيقة ، حتى تتحول الحواف إلى اللون البني وتظل المراكز فاتحة.

e) دعها تبرد لمدة 10 ثوانٍ ، ثم باستخدام ملعقة ، اقلب حبة زهرة واحدة وضع ثروة ورقية في المنتصف. اطوِ نبات البط إلى النصف ثم اجمع الأطراف معًا باستخدام حافة كوب القهوة لعمل التجعد. ضع كعكة الحظ في كوب مافن ليحافظ على شكله. كرر مع tuile الثاني. إذا تصلب النبات ، قم بإعادته إلى الفرن لبضع ثوان.

f) كرر مع الخليط والثروات المتبقية. دع ملفات تعريف الارتباط تبرد تمامًا قبل التقديم.

23. لاكرات طاقة ماتشا خبز

تكفي: 20 كرة

مكونات
● 1 ملعقة كبيرة ممتلئة من مسحوق أوراق ماتشا
● 1 كوب بذور مختلطة
● 1 ملعقة صغيرة من مسحوق القرفة
● نصف ملعقة صغيرة من الزنجبيل المبشور حديثًا
● ⅔ كوب زبيب
● 1 ملعقة صغيرة فانيليا

تعليمات
a) اطحن البذور مع مسحوق الماتشا والقرفة في محضر الطعام حتى تحصل على وجبة خشنة.

b) أضيفي الزبيب ومستخلص الفانيليا واستمري في العملية حتى يتكتل كل شيء معًا.

c) تتدحرج إلى كرات.

d) قدميها على الفور أو ضعيها في الثلاجة.

e) سيحتفظون بها في الثلاجة لمدة أسبوعين.

24. ماتشا بوب كورن

يجعل: 3-4

مكونات:

الفشار:

- 100 جم / نصف كوب حبوب الفشار
- 6 ملاعق كبيرة زيت جوز الهند المذاب

ماتشا تتصدر:

- 2 ملعقة صغيرة مسحوق ماتشا
- 4 ملاعق كبيرة خميرة غذائية
- نصف ملعقة صغيرة ملح البحر

تعليمات

a) اخلطي الخميرة الغذائية ومسحوق الماتشا وملح البحر في وعاء صغير.

b) ضعي الفشار في آلة صنع الفشار أو في وعاء كبير مع 4 ملاعق كبيرة من زيت جوز الهند.

c) في حالة استخدام وعاء ، أضيفي زيت جوز الهند وثلاث حبات. غطي القدر بغطاء وحرارة متوسطة.

d) عندما تنفجر الحبات ، أخرجها من القدر وأضف بقية الحبوب. دعهم ينفجرون أثناء هز القدر كل 10 ثوانٍ للتأكد من أنهم لا يحترقون.

e) عندما تنفجر كل الحبوب ، ضع الفشار في وعاء كبير.

f) رشي ملعقتين كبيرتين من زيت جوز الهند المذاب فوق الفشار. اقلب الفشار في الوعاء حتى يتغطى بالزيت.

g) يرش الماتشا فوق الفشار ويخلط جيدا. أضف ملحًا إضافيًا حسب الرغبة.

h) يتمتع!

25. قطع الفستق أمارانث ماتشا

يجعل: 9 بارات

مكونات

طبقة القشرة:

- $\frac{1}{3}$كوب قطيفة منتفخ
- كوب فستق مقشر
- نصف كوب جوز هند مجفف
- ملعقة صغيرة قرفة
- نصف ملعقة صغيرة هيل
- رشة ملح وردي
- 3 ملاعق كبيرة زبدة بذور اليقطين
- 3 ملاعق كبيرة شراب القيقب

طبقة ماتشا:

- 1 2/1 كوب كاجو منقوع طوال الليل
- 1 ملعقة كبيرة مسحوق ماتشا
- 1 ليمون حامض
- 1 ليمون ، عصير
- ربع كوب شراب القيقب
- 1 ملعقة صغيرة فانيليا
- نصف كوب حليب لوز
- 1 كوب زبدة جوز الهند
- 2 ملاعق كبيرة زيت جوز الهند

تعليمات

a) تحضير قالب كيك مربع ذو قاعدة قابلة للإزالة.

b) ضع الفستق المقشر في محضر الطعام أو الخلاط عالي السرعة واخلطه عدة مرات حتى يصبح مطحونًا بشكل خشن.

c) يُضاف جوز الهند المجفف والقرفة والهيل والملح ويُخفق المزيج حتى يتجانس.

d) اغرف كل شيء في وعاء متوسط واخلطه في قطيفة منتفخة.

e) في وعاء صغير ، اخلطي زبدة بذور اليقطين مع شراب القيقب واخلطيها الآن مع باقي الخليط للحصول على قوام لزج.

f) يُسكب مزيج القشرة في القصدير ويُوزّع بالتساوي على القاعدة ويُضغط بقوة لأسفل.

g) ضعها في الثلاجة.

h) في غلاية مزدوجة نذوب زبدة جوز الهند مع زيت جوز الهند ونضعها جانبا.

i) اغسلي الكاجو المنقوع تحت الماء الجاري وضعيه في الخلاط. يُضاف مسحوق الماتشا ، وقشر الليمون ، والعصير ، وشراب القيقب ، وحليب الفانيليا ، وحليب اللوز ويخلط حتى يصبح ناعماً. أضيفي زبدة جوز الهند المذابة ببطء واخلطيها حتى تتجانس. تأكد من أن الخليط في درجة حرارة الغرفة قبل إضافة زبدة جوز الهند.

j) تُسكب الملعقة على طبقة القشرة وتُفرغ من الأعلى.

k) ضعه في الفريزر لبضع ساعات أو طوال الليل لضبطه.

l) بمجرد ضبطه ، أخرجه بعناية من القصدير وبسكين حاد مقطوع إلى 9 مربعات.

m) رشي المزيد من مسحوق الماتشا والفستق المطحون.

26. أكواب الماتشا والليمون

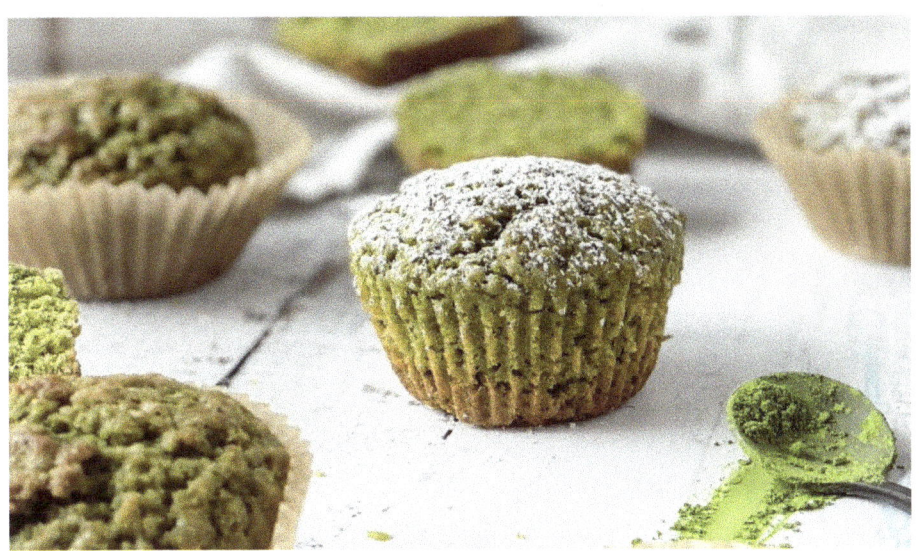

يجعل: 10

مكونات:
- ربع كوب زبدة جوز الهند
- ½ كوب مكسرات مكاديميا
- كوب زبدة كاكاو
- نصف كوب زيت جوز الهند
- ¼ كوب سويرف مسحوق
- 1 ملعقة كبيرة قشر ليمون ، مبشور ناعم
- 1 ملعقة صغيرة مسحوق ماتشا

تعليمات:
a) ابدأ بنبض جميع مكوناتك ، باستثناء قشر الليمون وماتشا ، في معالج الطعام لمدة دقيقة لدمجهم جميعًا.

b) قسمي الخليط إلى وعاءين. يجب أن تقسم إلى النصف بشكل متساوٍ قدر الإمكان قبل أن تقسم إلى نصفين.

c) يجب وضع مسحوق الماتشا في وعاء منفصل. في طبق معين ، اخلطي قشر الليمون والمكونات الأخرى.

d) قم بإعداد 10 أكواب مافن صغيرة عن طريق حشوها في منتصف الطريق بمزيج الماتشا ثم قم بتغطيتها بملعقة كبيرة ونصف من مزيج الليمون. اجلس جانبا. تأكد من وضعها في الثلاجة لمدة ساعة على الأقل قبل التقديم.

27. ماتشا كب كيك بذور اليقطين

The picture can't be displayed.

يصنع: 10 حصص

مكونات
كيك
- كوب دقيق جوز الهند
- كوب طحين تابيوكا
- نصف كوب بذور اليقطين
- 2 ملعقة صغيرة مسحوق ماتشا
- نصف ملعقة صغيرة من صودا الخبز
- نصف ملعقة صغيرة ملح
- 4 بيضات بدرجة حرارة الغرفة
- نصف كوب من زيت جوز الهند ، بالإضافة إلى المزيد لتزييت قوالب المافن
- نصف كوب عسل

صقيع
- نصف كوب سمن نخيل بدرجة حرارة الغرفة
- 2 ملاعق كبيرة عسل
- نصف ملعقة صغيرة من خلاصة الفانيليا
- شوكولاتة ذائبة وبذور اليقطين للتزيين

تعليمات

a) سخني الفرن إلى 375 درجة فهرنهايت. دهن صينية مافن سيليكون بزيت جوز الهند ، أو غلف قالب مافن ببطانات من البرشمان.

b) يُخفق دقيق جوز الهند ودقيق التابيوكا وبذور اليقطين ومسحوق الماتشا وصودا الخبز والملح في معالج الطعام حتى يتم طحن بذور اليقطين للحصول على وجبة جيدة.

c) أضيفي البيض والزيت والعسل المهروس حتى يصبح المزيج ناعمًا.

d) ضعي ملعقة في أكواب قالب السيليكون أو قالب المافن ، ثم ضعيها في الفرن المسخن مسبقًا. اخفضي الحرارة إلى 350 درجة فهرنهايت ، واخبزيها لمدة 20-25 دقيقة أو حتى يخرج جهاز الاختبار نظيفًا ، ثم اتركيه جانباً ليبرد.

e) لعمل الزينة ، اخفقي السمن والعسل والفانيليا حتى تصبح ناعمة. ضعي كيس المعجنات مع مقرنة وطرف ، ثم ضعي كريمة التزيين في كيس المعجنات. بمجرد أن تبرد الكب كيك ، ضعي كريمة الزينة في الأعلى في التصميم الذي تختاره.

f) أضف الشوكولاتة المذابة والمزيد من بذور اليقطين. اذا رغب.

28. مربعات الماتشا الخام والشوكولاتة بالنعناع

يصنع 12 مربعا

مكونات:
قاعدة:
- 1 كوب لوز
- 2 ملاعق كبيرة مسحوق كاكاو
- 1 كوب تمر مدجول
- قليل من الملح

حشوة النعناع:
- 2 ملعقة صغيرة مسحوق ماتشا
- 1 2/1 كوب كاجو
- كوب أوراق نعناع طازجة
- ربع كوب شراب القيقب / شراب الأرز / عسل نحل
- نصف كوب حليب غير ألبان
- نصف كوب زيت جوز الهند المذاب
- مستخلص النعناع حسب الرغبة

حشوة الشوكولاتة الخام:
- ⅓ كوب زيت جوز الهند المذاب
- نصف كوب مسحوق كاكاو
- 2 ملاعق طعام من شراب القيقب / عسل نحل
- قليل من الملح
- حبيبات الكاكاو للتزيين

تعليمات:

a) بالنسبة للقاعدة ، اخلطي اللوز في معالج الطعام حتى يصبح لديك دقيق خشن. أضيفي الملح ومسحوق الكاكاو والتمر واخلطيهم مرة أخرى حتى يلتصق الخليط معًا بسهولة بإصبعك وإبهامك.

b) اضغطي بالتساوي في صينية الخبز المبطنة بورق الزبدة وضعيها في الفريزر أثناء تحضير الحشوة.

c) في خلاط أو محضر طعام عالي القوة ، امزج الكاجو وأوراق النعناع والمحليات السائلة وماتشا والحليب غير المصنوع من منتجات الألبان حتى تصبح ناعمة جدًا. يضاف زيت جوز الهند المذاب ويخلط مرة أخرى. أخيرًا ، أضيفي مستخلص النعناع واخلطي مرة أخرى وطعمي. أضف المزيد إذا لزم الأمر.

d) تُسكب حشوة النعناع فوق القاعدة المُعدّة وتُسكب بملعقة بسط. أعد القصدير إلى الفريزر. اخفقي مكونات الشوكولاتة في وعاء متوسط الحجم. اتركيه لمدة دقيقة حتى يبرد قليلاً.

e) يُسكب فوق حشوة النعناع ، ويُوزّع بالتساوي.

f) رشي حبيبات الكاكاو وأعيديها إلى الفريزر حتى تستقر تمامًا. قطعيها إلى مربعات وقدميها على الفور أو من الثلاجة للحصول على قوام أكثر نعومة.

29. ماكرون الكاكاو والماتشا والماتشا

مكونات:
- كوب جوز هند مبشور
- 1 ملعقة كبيرة مسحوق ماتشا
- 1 ملعقة كبيرة ماتشا
- 3 ملاعق كبيرة بذور سمسم
- 2 ملاعق كبيرة حبيبات الكاكاو الخام
- رشة ملح البحر
- 5 ملاعق كبيرة من شراب القيقب
- 4 ملاعق كبيرة زيت جوز الهند
- 2 ملاعق كبيرة زبدة كاجو
- 1 حبة فانيليا أو 1 ملعقة صغيرة من خلاصة الفانيليا

طبقة الكاكاو:
- 2 ملاعق كبيرة من مسحوق الكاكاو السحري من فيلوسوفي

تعليمات:

a) امزج جميع المكونات الجافة في وعاء.

b) أضيفي المكونات المبللة واخلطيها جيدًا حتى يصبح القوام متجانسًا.

c) الآن ، لديك خياران: يمكنك إما الضغط على الخليط في صينية مكعبات الثلج وتجميده لمدة ساعتين.

d) بعد ذلك ، يصبح الماكرون جاهزًا للانغماس. تذكر أن تحتفظ بها في الثلاجة.

e) شكلي الخليط على شكل كرات ، ثم دحرجها في سحر الكاكاو وحبيبات الكاكاو للحصول على لمسة شوكولاتة صحية ولذيذة.

f) يُجمد لمدة ساعتين ، ثم يُحفظ في وعاء محكم في الثلاجة.

30. الكعك ماتشا هالوين

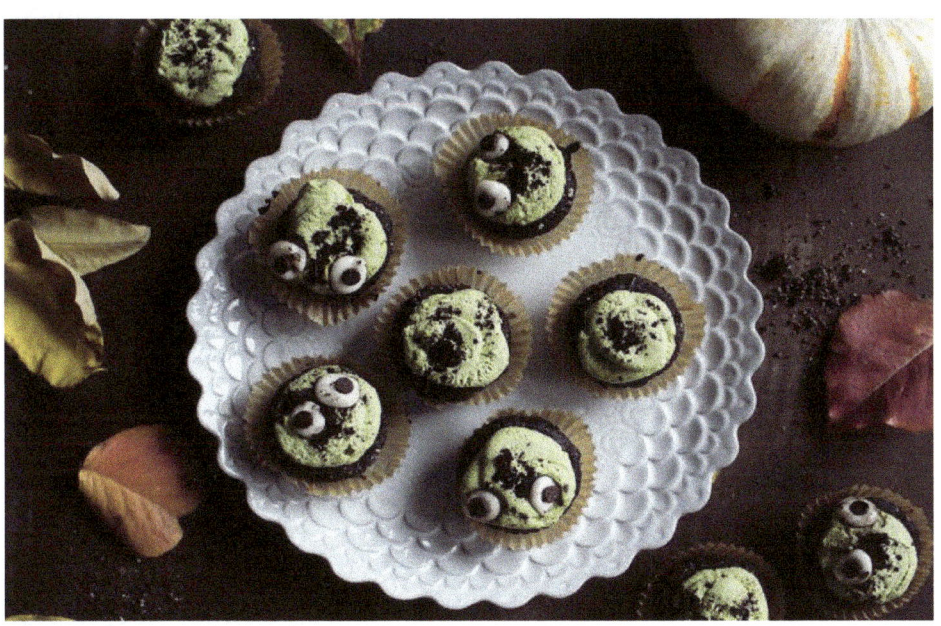

يجعل: 12

مكونات:
للكيك:
- 4 ملاعق صغيرة من مسحوق الماتشا
- 120 جرام دقيق أرز
- 150 جرام لوز مطحون
- 2 ملعقة صغيرة بيكنج بودر خالي من الجلوتين
- 170 جرام زيت جوز الهند المذاب
- 150 مل شراب القيقب
- 3 بيضات كبيرة
- 160 مل من حليب اللوز غير المحلى
- 1 ملعقة صغيرة فانيليا

لتجميد:
- 2 ملعقة صغيرة مسحوق ماتشا
- 2 × علب حليب جوز الهند كامل الدسم
- 1 ملعقة كبيرة شراب القيقب
- 1 ملعقة صغيرة فانيليا
- عصير 1 ليمونة
- 6 حبات فراولة ، مقطعة أنصاف

تعليمات:
a) سخني الفرن على حرارة 170 درجة مئوية وضعي صينية كب كيك مكونة من 12 حفرة مع علب كب كيك.

b) لعمل الكب كيك ، يُمزج دقيق الأرز واللوز المطحون ومسحوق الخبز ومسحوق الماتشا في وعاء خلط كبير.

c) أضف زيت جوز الهند وشراب القيقب والبيض وحليب اللوز والفانيليا إلى الخلاط أو معالج الطعام واخلطهم 4 مرات.

d) اسكب المكونات الرطبة في المكونات الجافة واخلطها جيدًا. ضعي الخليط بالملعقة بالتساوي في علب الكب كيك المحضرة.

e) تُخبز في الفرن لمدة 25 دقيقة أو حتى يخرج السكين أو السيخ نظيفًا.

f) لعمل الزينة ، قم بإزالة الطبقة العلوية السميكة من كل علبة من حليب جوز الهند وضعها في وعاء كبير. اخفقي لمدة 1-2 دقيقة حتى تصبح سميكة ودسمة. أضيفي شراب القيقب وماتشا والفانيليا وعصير الليمون قبل الخفق مرة أخرى لمدة دقيقة أخرى.

g) اتركي الكب كيك لتبرد في الصينية لمدة 15 دقيقة قبل وضعها على رف التبريد.

h) انشر الزينة أو انشرها على كل كب كيك مبرد وزينها بالفراولة.

31. فونيو وماتشا كراكرز

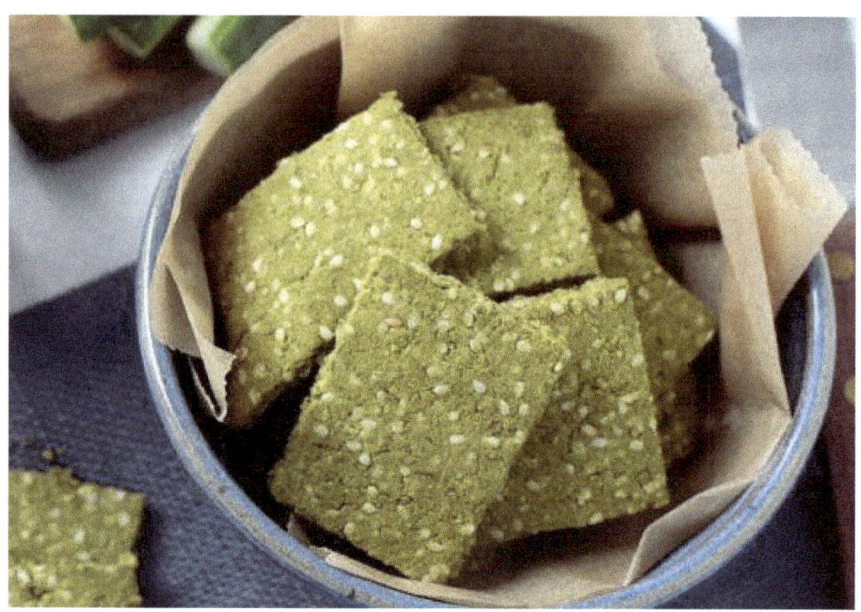

يجعل 10
مكونات:
بالنسبة للكسارات:

- 12 كوب فونيو سوبر غرين مخلوط في دقيق
- 1 ملعقة صغيرة مسحوق ماتشا
- 1 كوب بذور اليقطين
- نصف كوب بذور عباد الشمس
- نصف كوب بذور كاملة بذر الكتان
- نصف كوب من بذور الشيا
- ⅓ كوب شوفان سريع خالي من الغلوتين
- 2 ملاعق كبيرة من بذور الخشخاش
- نصف ملعقة صغيرة ملح
- نصف ملعقة صغيرة فلفل
- نصف ملعقة صغيرة مسحوق كركم
- ملعقتان كبيرتان زيت زيتون فلفل حار أو زيت زيتون سادة
- نصف كوب ماء

للوح الجبن:

- المكسرات
- فاكهة مجففة
- فاكهة طازجة
- جبن نباتي

تعليمات:

a) سخني الفرن على 190 درجة. امزج جميع المكونات الجافة في وعاء.

b) نضيف زيت الزيتون والماء ونمزج جيداً حتى تتشكل عجينة.

c) قسّم الخليط إلى قسمين. خذ نصفًا وضعها بين قطع ورق البرشمان وافرد العجينة بسمك 2-3 مم.

d) تقطع بالشكل الذي تريده وتنقلها إلى صينية خبز. كرري الخطوات بالنصف الثاني من العجينة. اخبزيها لمدة 20-25 دقيقة أو حتى تصبح الحواف ذهبية اللون.

e) اتركيه ليبرد لمدة 10 دقائق. يقدم مع مجموعة مختارة من الفواكه والمكسرات والجبن والتغميس.

32. كرات الماتشا الصحية

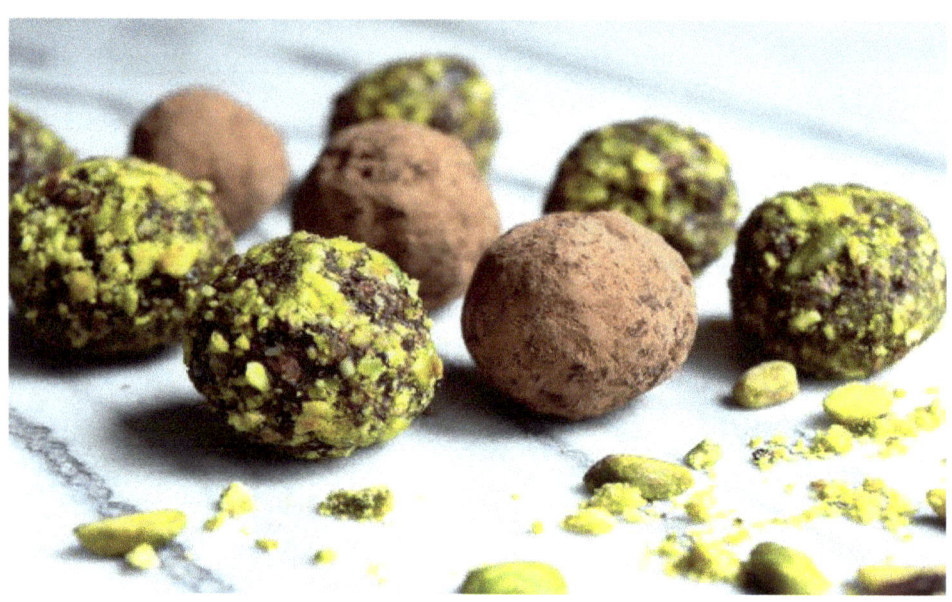

تصنع: 14 كرة طاقة

مكونات:
- نصف كوب فستق مقشر
- نصف كوب كاجو
- 12 تمر منزوع النوى
- كوب جوز هند مبشور غير محلى
- 2 ملاعق صغيرة مسحوق ماتشا
- 1 ملعقة طعام زيت جوز الهند

تعليمات:

a) نأخذ نصف كوب من الفستق ونخفق في محضر الطعام حتى يطحن ناعما. تُرفع إلى وعاء منفصل وتترك جانباً.

b) يُضاف الكاجو ، وما تبقى من نصف كوب الفستق ، والتمر ، وجوز الهند ، ومسحوق الماتشا ، وزيت جوز الهند. يُمزج جيداً حتى يفرم ناعماً ويصبح المزيج لزجاً.

c) يُسكب المزيج على شكل كرات ويُلف باليد.

d) تُلف الكرات بالفستق المطحون وتُبرّد لمدة 15 دقيقة! يتمتع!

33. إرث طماطم ساشيمي

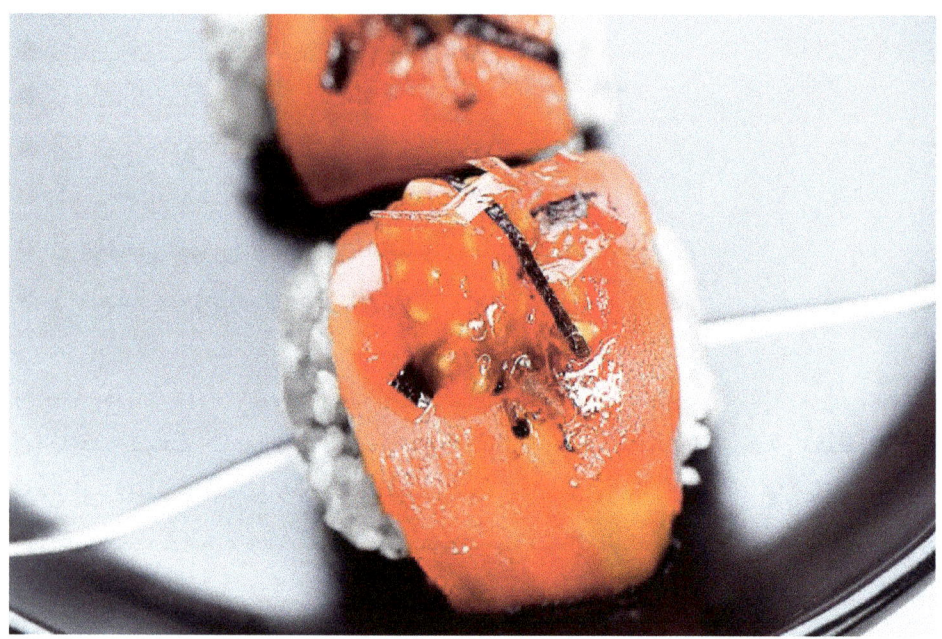

يجعل: 6

مكونات:
- 4 ملاعق كبيرة خل أرز
- 1 ملعقة صغيرة سكر
- 3 حبات طماطم موروثة ، منزوعة البذور ومقطعة إلى شرائح
- 1 ليمونة مقطعة إلى نصفين
- 1 كوب ديكون مبشور
- 2 ملاعق صغيرة ملح البحر
- ملعقة شاي ماتشا

تعليمات:
a) قلبي خل الأرز والسكر معًا في قدر.
b) يُغلى المزيج تقريبًا ، ثم يُترك على نار خفيفة لمدة دقيقتين تقريبًا.
c) إزالة من الحرارة وبارد تماما.
d) قسّمي الطماطم على طبقين للتقديم.
e) قم برش الخل المخفف فوق الطماطم.
f) ضعي نصف ليمونة على جانب كل طبق.
g) ضع نصف دايكون أعلى كل طبق.
h) قسّمها بين طبقين.
i) اعصري الليمون فوق الطماطم.
j) يُمزج ملح البحر مع مسحوق الشاي الأخضر.
k) يرش خليط الماتشا / الملح على الوجه.

34. كرات الفستق و ماتشا بليس

يصنع: 4 حصص

مكونات:

● 1 ملعقة شاي شاي أخضر ماتشا
● نصف كوب كاجو نيء
● نصف كوب جوز هند مجفف غير محلى
● 20 مل ملاعق كبيرة من وجبة اللوز
● 20 مل ملعقة كبيرة من دقيق جوز الهند
● 20 مل ملاعق كبيرة ماء
● 20 مل ملاعق كبيرة من شراب الشعير
● 20 مل ملعقة كبيرة من زيت جوز الهند البكر ، ذائبة
● كوب فستق مقشر ومقطع

تعليمات:

a) في محضر الطعام ، اخلطي الكاجو وجوز الهند ووجبة اللوز ودقيق جوز الهند ومسحوق شاي الماتشا الأخضر حتى تحصلي على قوام الفتات الناعم.

b) يُضاف الماء وشراب الشعير وزيت جوز الهند المذاب ويُمزج حتى يمتزج كل شيء جيدًا. يجب أن يكون الخليط لزجًا بدرجة كافية ليتماسك معًا ، لكن ليس لزجًا جدًا بحيث لا يمكنك لفه إلى كرات. إذا كان المزيج لزجًا جدًا ، أضف القليل من دقيق جوز الهند. إذا كان جافًا جدًا ، أضف القليل من الماء.

c) يُلف الخليط على شكل كرات ويُغطى بالفستق المفروم ، مع الضغط على المكسرات برفق في الكرات لجعلها ثابتة. اترك الكرات في الثلاجة لتستقر. احفظه في الثلاجة في وعاء محكم الغلق.

35. فشار ماتشا لايم

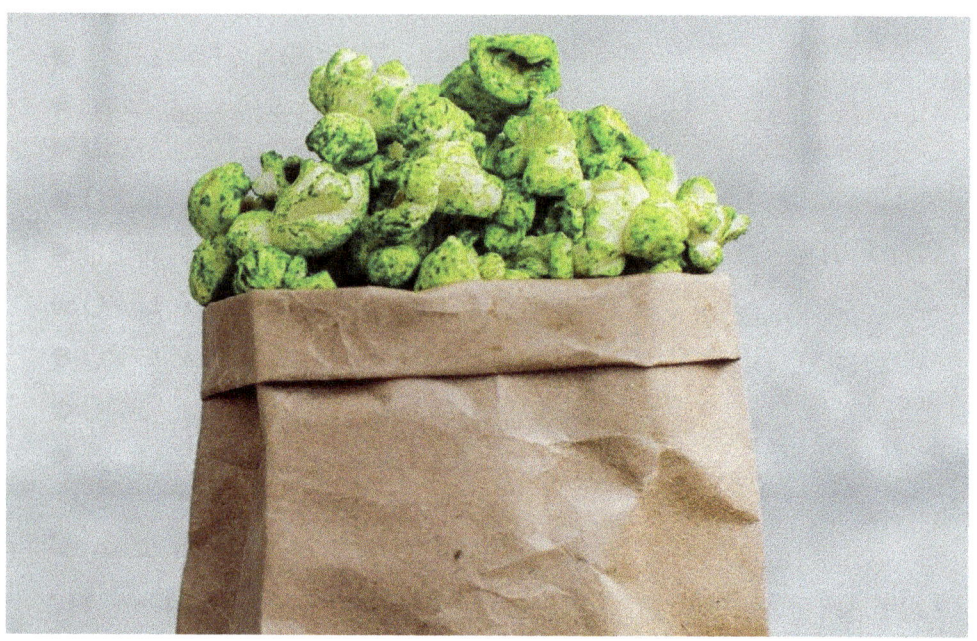

يجعل: 2 حصص

مكونات

- 1 ملعقة طعام زيت جوز الهند
- نصف كوب من حبات الفشار
- 2 ملعقة طعام سكر
- 1 ملعقة كبيرة زبدة نباتية
- ½ ملعقة صغيرة ماء
- 1 ملعقة صغيرة مسحوق ماتشا
- 1 ملعقة صغيرة من قشر الليمون المفروم ناعماً

تعليمات

a) سخني الزيت في قدر كبير وعميق أو قدر على نار متوسطة. أضف بضع حبات من الفشار إلى القدر وانتظر حتى تنفجر.

b) بمجرد أن تنفجر ، أضيفي بقية حبات الفشار ، وحركيها لتغطي بالزيت ، ثم ارفعيها عن النار. انتظر 30-50 ثانية ثم ضع القدر مرة أخرى على الموقد.

c) قم بتغطيتها بغطاء وانتظر حتى تنفجر الحبوب. بمجرد أن تبدأ في الانفجار ، قم برج القدر عدة مرات للتأكد من طهي جميع الحبات بالتساوي. استمر في الطهي حتى تنفجر كل الحبوب. يُرفع عن النار وينقل إلى وعاء خلط كبير.

d) يُضاف السكر والزبدة النباتية إلى قدر صغير. لا تتردد في إضافة قليل من الملح أيضًا. سخنيها على نار متوسطة واتركيها تغلي لمدة دقيقة واحدة. يُضاف الماء ويُحرَّك ويُطهى لمدة 20 ثانية أخرى ، أو حتى يذوب السكر تمامًا.

e) يُسكب فوق الفشار مع التحريك في نفس الوقت لتغطيته بالتساوي بالشراب. ينخل مسحوق الماتشا فوق الفشار ويقلب حتى يتغطى. أضيفي قشر الليمون وقلبي مرة أخرى.

f) قدميها على الفور! من الأفضل تقديم هذا الفشار في نفس اليوم ، ولكن يمكنك إعادة تسخينه في اليوم التالي في فرن محمى بدرجة حرارة 350 درجة فهرنهايت لمدة 5 دقائق تقريبًا.

36. ماتشا موتشي

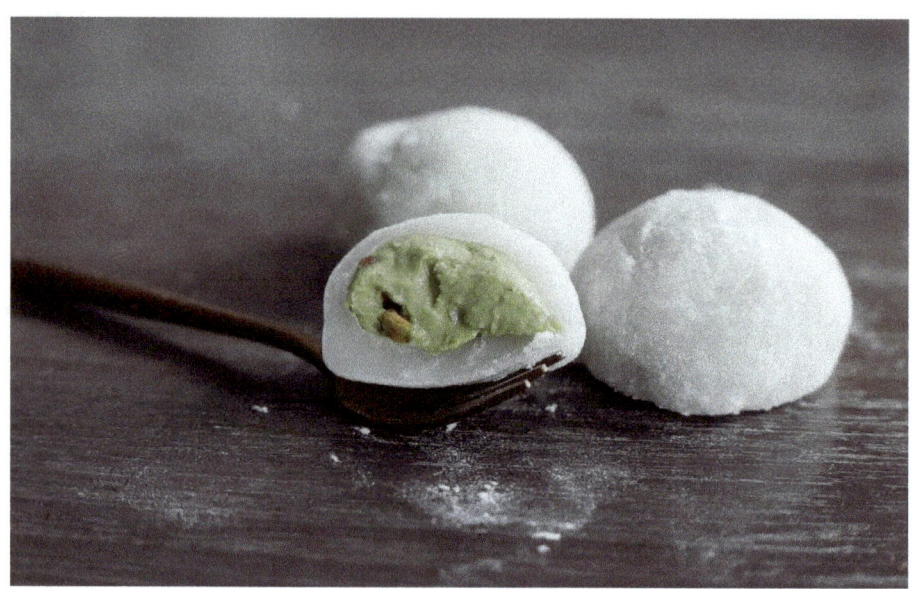

يصنع: 6 موتشي

مكونات
كاشو كريم
● نصف كوب من الكاجو النيء منقوع طوال الليل
● نصف كوب ماء
حشوة ماتشا
● 50 جرام زبدة كاكاو
● 45 جرام سكر بودرة
● 1 ملعقة صغيرة من مسحوق الماتشا تستخدم الدرجة الاحتفالية للحصول على أفضل نكهة
● 2 ملعقة كبيرة كريمة كاجو
● نصف ملعقة صغيرة من خلاصة الفانيليا
موتشي دوغ
● كوب دقيق أرز حلو
● 2 ملاعق كبيرة سكر أبيض
● 6 ملاعق كبيرة من حليب اللوز أو أي حليب نباتي
● 1 و 2/1 ملعقة صغيرة زيت
● نصف ملعقة صغيرة من مسحوق الماتشا

تعليمات
كاشو كريم
a) صفي الكاجو وأضيفيه مع الماء في خلاط عالي السرعة. يُمزج على درجة عالية لمدة 30-50 ثانية ، أو حتى يصبح ناعمًا. انقلي المزيج إلى وعاء وضعيه جانباً.
حشوة ماتشا
b) تُذوّب زبدة الكاكاو في قدر صغيرة. يرفع عن النار بمجرد ذوبانه. يجب ألا تكون زبدة الكاكاو ساخنة. إذا كان الجو حارًا جدًا ، اتركه يبرد لبضع دقائق أو حتى درجة حرارة الغرفة.

c) انقل زبدة الكاكاو المذابة إلى وعاء صغير. أضف السكر البودرة ، ماتشا ، كريمة الكاجو ، والفانيليا.

89

d) اخفقي حتى تمتزج تمامًا ، واستمري في الخفق لمدة 2-3 دقائق ، أو حتى يتكاثف قليلاً.

e) انقليها إلى الثلاجة وضعيها في الثلاجة لمدة ساعتين تقريبًا أو حتى تنضج.

f) عجينة موتشي

g) في وعاء صغير ، اخفقي دقيق الأرز الحلو والسكر الأبيض وحليب اللوز والزيت ومسحوق الماتشا.

h) اغلي قدرًا من الماء وضع سلة بخار من الخيزران فوقه.

i) انقل المزيج إلى وعاء يتسع داخل قدر الخيزران البخاري.

j) يُغلق بالغطاء ويُبخّر لمدة 20 دقيقة. في منتصف عملية التبخير ، حركي باستخدام ملعقة.

k) بعد 20 دقيقة ، اتركي العجين يبرد لمدة 15-20 دقيقة ، أو حتى يسخن. انقلي المزيج إلى وعاء وقلبي جيداً بملعقة خشبية حتى تنضج العجينة.

l) غلفي العجينة اللاصقة في غلاف بلاستيكي وضعيها في الثلاجة لمدة 45 دقيقة.

m) للتشكيل: استخرج 1.5 ملعقة صغيرة من الكرات من حشوة الماتشا ولفها بحذر على شكل كرات ، واتركها جانبًا. نفض الغبار عن سطح العمل بنشا الذرة. خذ كمية صغيرة من عجينة الموتشي وافردها بشكل دائري على السطح المغطى بالغبار.

n) توضع كرة من الحشوة في وسط العجينة وتلف العجينة حول الحشوة. اضغط على الحواف لإغلاقها. انقله إلى طبق بحيث يكون الوجه المختوم متجهًا لأسفل. كرري العملية مع ما تبقى من حشوة وعجين.

o) استمتع به على الفور أو ضعه في الثلاجة لبضع ساعات. من الأفضل تقديم Mochi في نفس اليوم ولكنه سيحتفظ به لمدة تصل إلى 3 أيام في الثلاجة.

37. شوكولاتة ماتشا مع المكاديميا

يجعل: 2 حصص

مكونات:

- 10 جرام زبدة كاكاو
- 3 ملاعق كبيرة زيت جوز هند صلب
- 2 ملاعق صغيرة مسحوق ماتشا
- 1 ملعقة صغيرة مسحوق كاكاو خام
- 2.5 ملاعق كبيرة من التحلية السائلة
- رشة من خلاصة الفانيليا
- قرصة ملح البحر
- 1 ملعقة صغيرة من قشر الليمون
- الإضافات المفضلة. ذهبت للحصول على مكسرات المكاديميا ، البيبيتاس وتوت غوجي.

تعليمات:

a) ضع ورق الخبز في المقلاة.

b) أضيفي زبدة الكاكاو إلى وعاء وضعي الوعاء فوق قدر صغير من الماء المغلي.

c) تذوب زبدة الكاكاو ويضاف زيت جوز الهند.

d) دعه يذوب ويحرك باستخدام ملعقة خشبية أو سيليكون.

e) يُضاف مسحوق الماتشا والكاكاو ويُحرّك.

f) أضيفي الفانيليا وملح البحر والمُحليات المفضلة وقلبي حتى يتجانس كل شيء.

g) ارفعي الوعاء عن النار واستمري في التقليب ببطء حتى تبدأ الشوكولاتة في التماسك قليلاً.

h) أضيفي قشر الليمون واستمري في التقليب لتوزيعه بالتساوي.

i) تُسكب الشوكولاتة في المقلاة المُعدّة وتُضاف الطبقة الخاصة بك.

j) ضعها في الثلاجة واتركها تستقر تمامًا.

38. ماتشا الفول السوداني موتشي

مكونات:

موتشي:

- 300 جرام دقيق أرز دبق
- 50 جرام نشاء قمح
- 75 جرام سكر ناعم
- 1 ملعقة زيت
- 450 مل ماء
- نصف ملعقة صغيرة من مسحوق الماتشا

حشوة الفول السوداني:

- 300 جرام فول سوداني محمص ومخلوط
- 100 جرام سكر ناعم
- نصف ملعقة صغيرة ملح

طحين للطلاء والغبار:

- 200 جرام دقيق أرز مقلي لمدة 20 دقيقة على نار متوسطة.

تعليمات:

a) اخلطي جميع مكونات الموتشي حتى تمتزج جيدًا. يُنخل ويُسكب في صينية بخار مدهونة بالزبدة ويُبخّر على نار متوسطة لمدة 25 دقيقة.

b) عندما يبرد خليط دقيق الأرز بدرجة كافية للتعامل معه ، اكشطه على سطح عمل مبعثر قليلاً بدقيق الغبار.

c) تقسم عجينة الطهي إلى أجزاء صغيرة ، حوالي 35-40 جم لكل جزء باستخدام سكين حاد مغطى بالدقيق.

d) اعمل بقطعة واحدة في كل مرة ورش يديك بالطحين لمنعها من الالتصاق ، قم بلف كل قطعة على شكل كرة.

e) افرد الكرة ثم استخدم يديك في شكل دائري بعرض 8 سم.

f) اخلطي جميع مكونات الحشوة ، ثم ضعي ملعقة كبيرة من الحشوة في منتصف الجولة ثم ضعي الحواف فوق الحشوة لتضمينها ، وضميها معًا جيدًا لإغلاقها.

g) أعد لفه بلطف إلى شكل دائري ، واضغط على الجزء العلوي قليلاً لتسطيح قليلاً.

h) غلفي موتشي بالدقيق لتنعيم السطح.

i) سيتم تخزين Mochi في حاوية محكمة الإغلاق لمدة تصل إلى يومين.

39. فطائر الماتشا عنبية

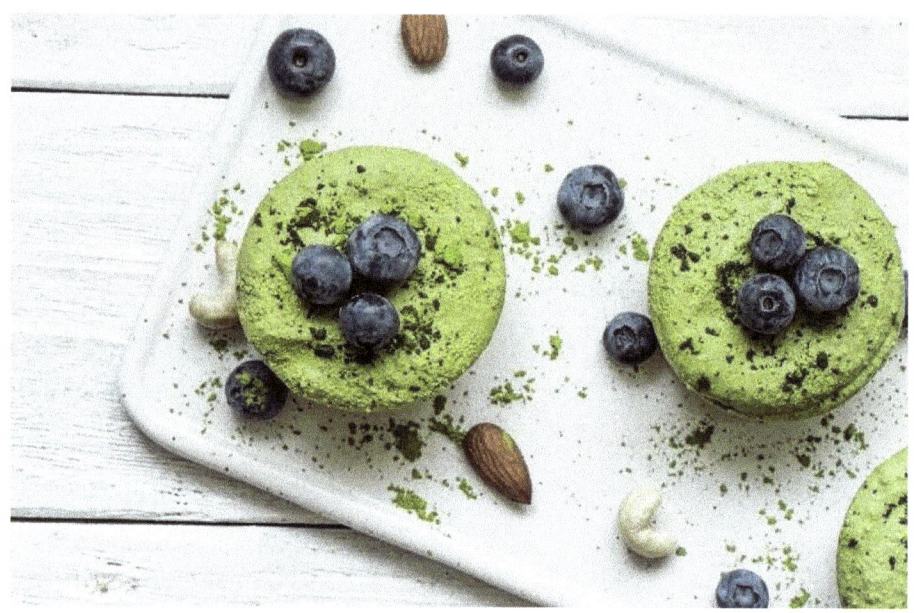

مكونات

مبتل:

- ربع كوب ماتشا
- 1 ملعقة صغيرة من قشر الليمون
- نصف كوب حليب كامل الدسم ، دافئ
- 1 قطعة زبدة غير مملحة ذائبة
- 2 بيض

جاف:

- 2 كوب دقيق خالٍ من الغلوتين لجميع الأغراض
- 2 ملعقة شاي مسحوق الخبز
- نصف ملعقة صغيرة من صودا الخبز
- 1 كوب سكر أبيض حبيبي
- 1 ملعقة صغيرة ملح كوشير
- 1 كوب من العنب البري الطازج

تعليمات:

a) سخني الفرن على 350 درجة.

b) في الخلاط. أضيفي كل المكونات المبللة واتركيها لمدة عشر دقائق ، ثم اخلطيها حتى تصبح ناعمة.

c) سيتحول الخليط إلى النيلي من ماتشا ويظهر كثيفًا قليلاً من الزبدة المذابة. ضعه جانبا.

d) في وعاء كبير نضيف الدقيق الخالي من الغلوتين والبيكنج بودر وصودا الخبز والسكر وملح الكوشر ونخلطها.

e) احتفظي بربع كوب من المزيج الجاف وقلبي العنب البري حتى تتغطى ، وضعيه جانبًا. سيمتص ذلك أي رطوبة زائدة ويمنعها من تغيير قوام الخليط.

f) في هذه الأثناء ، في وعاء كبير ، حرك المكونات المبللة مع المكونات الجافة باستخدام ملعقة. سيختلف الخليط في درجات اللون الأزرق ولا بأس بذلك. بمجرد أن يبدو الخليط متماسكًا ، رشي العنب البري ، ثم اطويها برفق.

g) قم بتجميع علب المافن الصغيرة باستخدام بطانات المافن.

h) باستخدام مغرفة ، املأ قوالب المافن الصغيرة من الطريق ممتلئة.

i) اخبزي المافن لمدة 10 دقائق أو حتى يخرج عود الأسنان نظيفًا.

40. قضبان ماتشا جرانولا

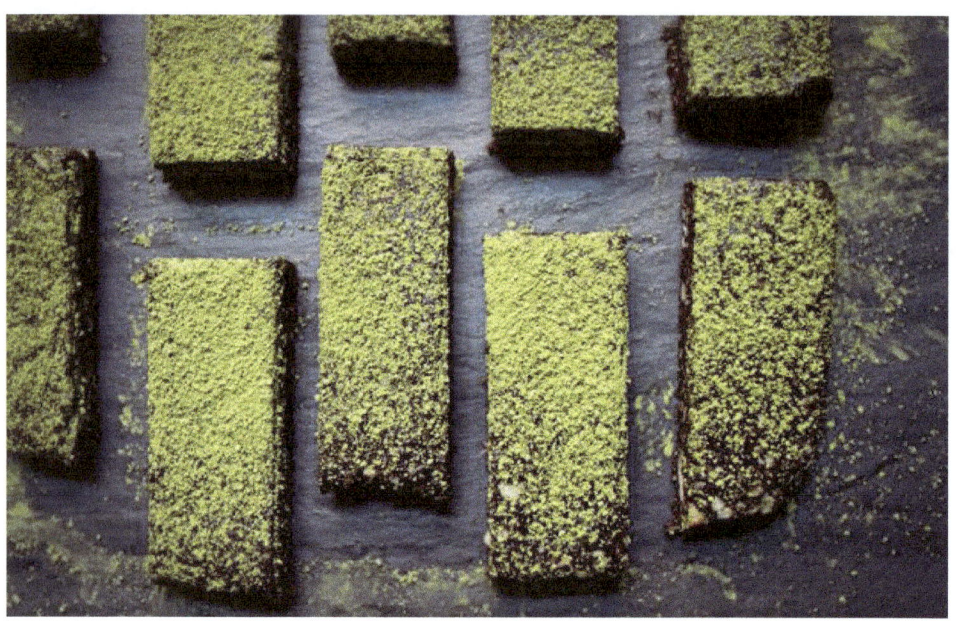

يصنع: 4 حصص

مكونات:
- 2 كوب شوفان ملفوف ، خالي من الغلوتين إذا رغبت في ذلك
- 1 كوب بيبيتاس
- 2/1 1 كوب من حبوب الأرز المنتفخة غير المحلاة
- كوب فاكهة مجففة ، مفرومة خشنة
- ¼ ملاعق صغيرة ملح بحر قشاري
- 1½ ملعقة كبيرة مسحوق ماتشا
- ⅓ كوب شراب الأرز البني
- 3 ملاعق كبيرة شراب القيقب
- نصف كوب طحينة
- 2 ملاعق كبيرة زيت جوز الهند
- 1 ملعقة صغيرة فانيليا

تعليمات:

a) يسخن الفرن إلى 325 درجة فهرنهايت / 160 درجة مئوية.

b) يُمزج الشوفان مع البيبيتاس على صينية خبز ويُخبز لمدة 10-15 دقيقة ، مع التحريك مرة أو مرتين ، حتى يصبح الشوفان ذهبيًا ورائحته البندق.

c) في قدر صغير ، يُمزج شراب الأرز البني وشراب القيقب والطحينة وزيت جوز الهند والفانيليا.

d) خفقت للجمع. لا تسخن.

e) في وعاء كبير ، اخلطي الشوفان المبرد وبذور اليقطين مع الفاكهة المجففة المقطعة ونفث الأرز والملح ومسحوق الماتشا.

f) اسكبي المكونات المبللة فوق المكونات الجافة وقلبي بسرعة حتى تمتزج.

g) يُسكب المزيج في مقلاة براوني مبطنة بغلاف بلاستيكي أو ورق خبز. اضغطي على المزيج بقوة ، خاصة في الزوايا.

h) ضعيها في الثلاجة لبضع ساعات حتى تتماسك ، ثم أخرجيها من الثلاجة وقطعيها إلى ألواح. احفظ بقايا الطعام في الثلاجة لمدة تصل إلى أسبوعين.

41. ماتشا يوزو بوب كورن

يجعل: 2 حصص

مكونات
- 1 ملعقة طعام زيت جوز الهند
- نصف كوب من حبات الفشار
- 2 ملعقة طعام سكر
- 1 ملعقة كبيرة زبدة نباتية
- ½ ملعقة صغيرة ماء
- 1 ملعقة صغيرة مسحوق ماتشا
- 1 ملعقة صغيرة من نكهة اليوزو والعصير المفروم ناعماً

تعليمات
g) سخني الزيت في قدر كبير وعميق أو قدر على نار متوسطة.

h) أضف بضع حبات من الفشار إلى القدر وانتظر حتى تنفجر.

i) بمجرد أن تنفجر ، أضيفي بقية حبات الفشار ، وحركيها لتغطي بالزيت ، ثم ارفعيها عن النار. انتظر 30-50 ثانية ثم ضع القدر مرة أخرى على الموقد.

j) قم بتغطيتها بغطاء وانتظر حتى تنفجر الحبوب. بمجرد أن تبدأ في الانفجار ، قم برج القدر عدة مرات للتأكد من طهي جميع الحبات بالتساوي. استمر في الطهي حتى تنفجر كل الحبوب. يُرفع عن النار وينقل إلى وعاء خلط كبير.

k) يُضاف السكر والزبدة النباتية إلى قدر صغير. لا تتردد في إضافة قليل من الملح أيضًا. سخنيها على نار متوسطة واتركيها تغلي لمدة دقيقة واحدة. يُضاف الماء ويُحرَّك ويُطهى لمدة 20 ثانية أخرى ، أو حتى يذوب السكر تمامًا.

l) يُسكب فوق الفشار مع التحريك في نفس الوقت لتغطيته بالتساوي بالشراب.

m) ينخل الماتشا فوق الفشار ويقلب حتى يتغطى. أضيفي قشر اليوزو والعصير وقلبي مرة أخرى.

n) قدميها على الفور.

42. ماتشا اللوز الهلال

يجعل: 3 دزينة من ملفات تعريف الارتباط

مكونات

ماتشا دوغ:

- ربع كوب زبدة نباتية
- ½ كوب زبدة لوز ناعمة
- ⅔كوب سكر حبيبات
- 3 ملاعق كبيرة زبادي نباتي بالفانيليا
- 1 ملعقة كبيرة مسحوق شاي ماتشا
- 1 ملعقة صغيرة فانيليا
- ملعقة صغيرة من خلاصة اللوز
- 2 كوب طحين لجميع الأغراض
- 1 كوب دقيق اللوز المقشر
- ملعقة صغيرة ملح

لانهاء:

- سكر حلواني

تعليمات

a) باستخدام الخلاط الخاص بك مع ملحق المضرب المثبت ، قشدي الزبدة وزبدة اللوز والسكر والزبادي وماتشا الأزرق والفانيليا وخلاصة اللوز معًا. امزجي حتى يصبح الخليط متجانسًا وخفيفًا ورقيقًا تمامًا.

b)في وعاء منفصل ، اخفقي الدقيق والملح معًا. أضيفي المكونات الجافة تدريجيًا بالمحرك على أقل سرعة ممكنة ، حتى تمتزج تمامًا. توقف مؤقتًا لكشط جوانب الوعاء حسب الحاجة.

c) استخرج كرات صغيرة من العجين لكل قطعة بسكويت ، ولفها بين يديك المبللة قليلاً لتشكيل أسطوانات. اضغط بقوة لطيفة على الأطراف الخارجية لتحويلها إلى قرون مدببة أكثر ، وانحني إلى أشكال هلالية.

d)ضعي ما يقرب من 1 بوصة على صفائح خبز غير مدهون ، واخبزيها لمدة 26-22 دقيقة ، أو حتى يتماسك والقيعان بني فاتح. اتركه لمدة 2-3 دقائق قبل إزالته على الرفوف السلكية ليبرد تمامًا.

e) قلبي مع السكر الحلواني لتغليفها. قدميها أو احفظيها في الفريزر لمدة تصل إلى 3 أشهر.

الطبق الرئيسي

43. ماتشا عدس جوز الهند كاري

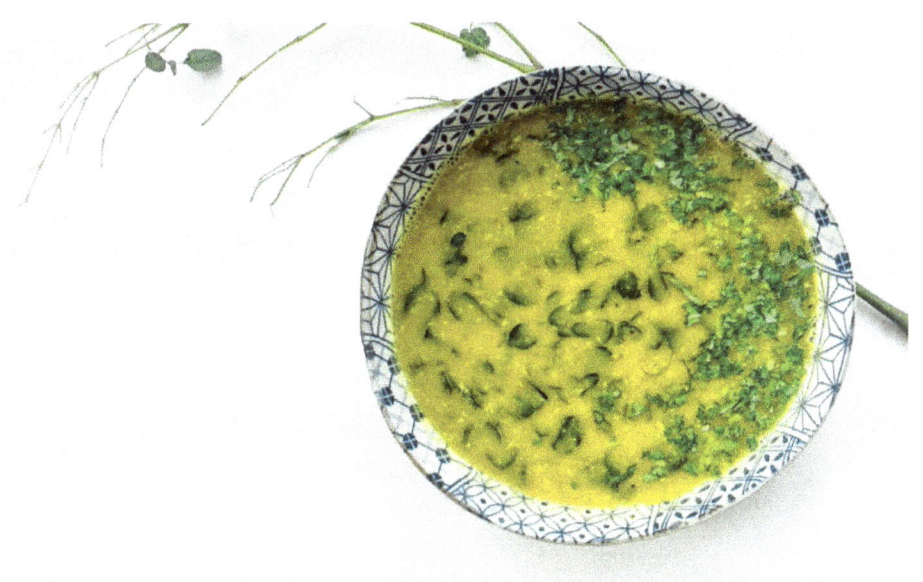

يجعل: 4 حصص

مكونات:

● 2 ملعقة صغيرة مسحوق ماتشا
● 1⅓ كوب عدس أحمر
● 1 بصلة حمراء
● 3 فصوص ثوم
● 1 مقبض زنجبيل
● 1 ملعقة صغيرة مسحوق كاري
● 1 ملعقة صغيرة مسحوق كركم
● 1 ملعقة صغيرة بذور كمون
● 3 حبات هيل مطحون
● 1 علبة حليب جوز الهند
● 2 كوب مرق خضروات
● 2 حفنة كبيرة من السبانخ

تعليمات:

a) سخني زيت الزيتون في مقلاة على نار متوسطة. يُضاف البصل والثوم والزنجبيل ويُقلى لبضع دقائق حتى يصبح طريًا. نضيف كل البهارات ونطهو لبضع دقائق أخرى.

b) يضاف العدس ومرق الخضار. يُغلى المزيج ، ثم تُخفّف النار ويُترك على نار خفيفة لمدة خمس دقائق.

c) يضاف حليب جوز الهند ويتبل بالملح والفلفل. يُطهى لمدة 15-20 دقيقة أخرى مع التحريك بانتظام حتى ينضج العدس. يُرفع عن النار ويقلب في السبانخ ومسحوق الماتشا.

44. سبانخ وماتشا ضال

يجعل: 2

مكونات:
- 2 ملاعق صغيرة ممتلئة من مسحوق الماتشا
- 2 ملاعق صغيرة سمن
- 1 بصلة مفرومة ناعماً
- 2 فص ثوم صغير مفروم ناعماً
- 1 كوب عدس أحمر
- 1 علبة كريمة جوز الهند
- 500 مل من مرق الخضار الطازج
- 300 جرام سبانخ
- 2 ملعقة صغيرة كمون مطحون
- 1 ملعقة صغيرة كركم مطحون
- 1 ملعقة صغيرة زنجبيل مطحون
- 1 ملعقة صغيرة كزبرة مطحونة
- رشة من أوراق الكاري
- ½ رقائق الفلفل الحار المجفف
- باقة من الكزبرة ، مفرومة ناعماً ، أوراقها منفصلة وممزقة
- الملح والفلفل حسب الذوق

ليخدم:
- زبادي جوز الهند
- طريقة:

تعليمات:

a) سخني السمن في قدر كبيرة. يُضاف البصل ويُعرق لمدة 5 دقائق أو حتى ينضج البصل

b) نضيف الثوم وسيقان الكزبرة ونطهو لمدة دقيقة. يُضاف الكمون ، والكركم ، والزنجبيل ، والكزبرة المطحونة ، وأوراق الكاري ، ورقائق الفلفل الحار ، ويُقلب المزيج ويُترك لمدة دقيقة أخرى.

c) يقلب العدس ويطهى لمدة 1 دقيقة. تُضاف علبة كريمة جوز الهند ومرق الخضار ويُغلى المزيج. خففي الحرارة واتركيها على نار هادئة لمدة تقارب. 10 دقائق.

d) أضيفي أوراق السبانخ واتركيها على نار هادئة لمدة تقارب. 40 دقيقة مع التحريك من حين لآخر لمنع العدس من الالتصاق وإضافة المزيد من الماء الساخن إذا لزم الأمر.

e) أضيفي مسحوق الماتشا قبل 5 دقائق من انتهاء وقت الطهي.

f) أضف الملح والفلفل. بمجرد أن يصبح العدس طريًا ويصبح قوامه كريميًا لطيفًا ، يُرفع عن النار ويقلب خلال أوراق الكزبرة ، مع ترك القليل منها للتزيين.

g) قدمي الأطباق مع رشة من أوراق الكزبرة وأضيفي القليل من زبادي جوز الهند أو قدميه على الجانب.

45. سمك السلمون المسلوق مع صلصة الأعشاب الخضراء

يصنع: 4 حصص

مكونات:

- 3 أكواب ماء
- 4 أكياس شاي أخضر
- 2 فيليه سلمون كبير
- 4 ملاعق كبيرة زيت زيتون صافي
- 3 ملاعق كبيرة عصير ليمون معصور طازج
- 2 ملاعق كبيرة بقدونس مفروم طازج
- 2 ملاعق كبيرة ريحان مفروم طازج
- 2 ملاعق كبيرة زعتر مفروم طازج
- 2 ملاعق كبيرة ثوم آسيوي مقطع طازج
- 2 ملاعق صغيرة أوراق الزعتر
- 2 ملاعق صغيرة ثوم مفروم

تعليمات:

a)   يُغلى الماء في قدر كبير. أضيفي أكياس الشاي الأخضر ، ثم ارفعيها عن النار.

b)   اترك أكياس الشاي تنقع لمدة 3 دقائق. اصطاد أكياس الشاي من الإناء واجعل الماء المشبع بالشاي يغلي. نضيف السلمون ونخفض النار.

c)   اسلقي فيليه السلمون حتى يصبح معتمًا في الجزء الأوسط. يُطهى السلمون لمدة 5-8 دقائق أو حتى ينضج تمامًا.

d)   يُرفع السلمون عن القدر ويوضع جانباً.

e)   في الخلاط أو محضر الطعام ، تخلصي من جميع الأعشاب الطازجة وزيت الزيتون وعصير الليمون. يُمزج جيدًا حتى يتكوّن الخليط من عجينة ناعمة. تبلي المعجون بالملح والفلفل. يمكنك ضبط التوابل عند الضرورة.

f)   قدمي السلمون المسلوق على طبق كبير وضعيه فوقها معجون أعشاب طازج.

46. مرق الشاي الأخضر والفطر مع ميسو

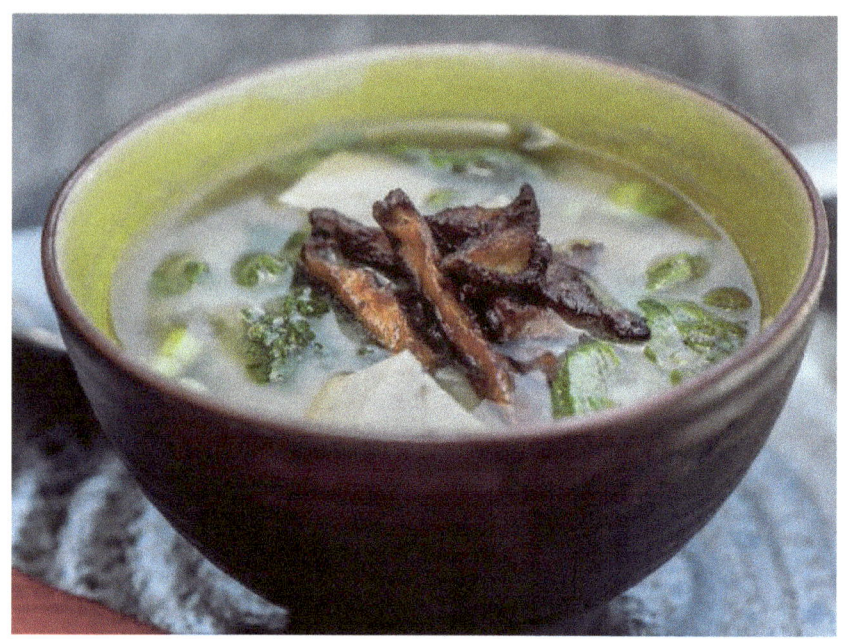

يجعل: 2 حصص

مكونات:
- ● 1 كيس شاي أخضر
- ● 3 أكواب ماء مغلي أو مرق خضروات
- ● 1 ملعقة صغيرة زيت زيتون
- ● ملعقة صغيرة زيت سمسم
- ● نصف كوب بصل ناعما مكعبات
- ● ½ رطل من الفطر الأبيض ؛ رقيقة شرائح
- ● ¼ كوب جزر تمزيقه
- ● 1 2 بوصة كمبيوتر الليمون ؛ أو نكهة الليمون
- ● 1 فص ثوم كبير مفروم
- ● 1 ملعقة كبيرة ميسو ملفوفة بالبلاستيك
- ● ملح وفلفل؛ ليتذوق

تعليمات:

a) يُنقع الشاي في الماء أو المرق حتى ينقع ، لمدة 4 دقائق تقريبًا. أخرج كيس الشاي.

b) سخني قدر 1 كوارت ثقيل حتى يسخن على نار متوسطة. أضف زيت الزيتون والسمسم. أضيفي البصل والفطر والجزر والليمون والثوم على الفور. طهي لمدة 4-5 دقائق. أضف الشاي يُطهى على نار خفيفة لمدة 5 دقائق. تصب في الترمس.

c) عندما تكون جاهزًا لتناول الطعام ، قم بفك تغليف ميسو ووضعه في الترمس. غطيه ورجيه برفق. يجعل: حصة واحدة كبيرة أو حصتين من كوب واحد.

47. كاري دجاج ماتشا الأخضر مع الليمون

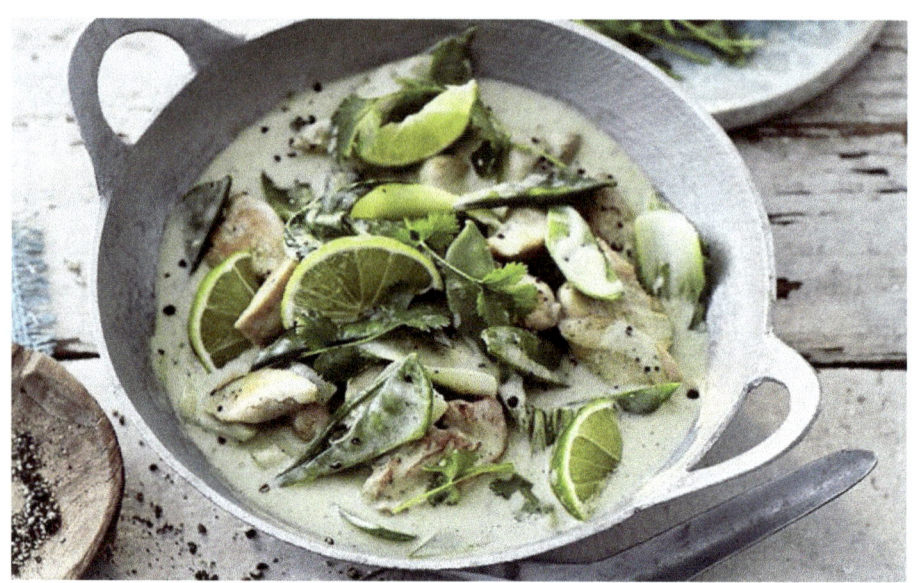

يصنع: 4 حصص

مكونات

- 2 ملاعق كبيرة كزبرة ، بذور بالإضافة إلى 1 حزمة كبيرة مفرومة
- 1 ملعقة طعام كمون وبذور
- 1 ملعقة صغيرة شاي أخضر
- رشة من جوز الطيب المبشور حديثاً
- 6 فصوص ثوم مفرومة
- 5 حبات كراث ، مفرومة
- 8 فلفل حار ، أخضر ، مبذر ومقطع
- 125 غ قلنجل مفروم
- 2 سيقان الليمون ، تمت إزالة الأوراق الخارجية ، والسيقان الداخلية مقطعة
- 4 أوراق ليمون كافر ، مفرومة
- 2 ملاعق كبيرة معجون روبيان
- 1 عصير ليمون
- 4 ملاعق كبيرة زيت الفول السوداني
- 2 صدور دجاج مقطعة إلى شرائح
- 400 مل مرقة دجاج
- 400 مل حليب جوز الهند
- 250 جرام Mangetout ، مقطع تقريبًا
- 4 قطع بوك تشوي صغيرة ، مفرومة تقريبًا
- ملح
- فلفل أسود مطحون طازجاً
- أغصان الكزبرة
- 2 ليمونة مقطعة إلى أسافين
- 1 ملعقة كبيرة فلفل أسود مطحون

تعليمات:

a) كيفية صنع ماتشا الدجاج بالكاري الأخضر الحار مع الليمون

b) نحمص الكزبرة وبذور الكمون في مقلاة جافة على نار متوسطة حتى تصبح عطرية.

c) ضعها في مطحنة التوابل ، وأضف مسحوق الماتشا ، واخلطها حتى تصبح ناعمة وبودرة.

d) ضعها في الخلاط أو معالج الطعام.

e) يُضاف جوزة الطيب والثوم والكراث والكزبرة والفلفل الحار والخولنجان والليمون والكفير وأوراق الليمون ومعجون الروبيان وعصير الليمون.

f) يُمزج المزيـج حتى يصبح ناعمًا وشبيهًا بالعجينة.

g) سخني ملعقتين كبيرتين من الزيت في مقلاة كبيرة على نار معتدلة.

h) يتبل الدجاج بالملح والفلفل قبل إضافته إلى المقلاة ويقلب حتى يصبح ذهبي اللون ، حوالي 3-4 دقائق.

i) نقل إلى طبق.

j) نضيف الكمية المتبقية من الزيت ثم المعجون ، ونقلي حتى يبدأ في أن يصبح داكنًا بشكل متكرر ، حوالي 4-5 دقائق.

k) اخفقي المرق وحليب جوز الهند واتركيه على نار هادئة.

l) ضعي الدجاج في الصلصة ، وغطيه جزئيًا بغطاء ، واطهيه على نار خفيفة حتى ينضج لمدة 6-8 دقائق.

m) أضيفي المانجيتوت والباك تشوي إلى الكاري واطهيه لمدة 3-4 دقائق أخرى حتى يصبح طريًا.

n) تبلي الكاري بالملح والفلفل حسب الرغبة.

o) قدمي دجاج ماتشا الأخضر بالكاري من المقلاة مع مقبلات من الكزبرة وبعض أسافين الليمون الحامض ورش الفلفل الأسود المطحون.

116

48. دجاج ماتشا مدخن مع سلطة أرز مانجو

يصنع: 4 حصص

مكونات
ماتشا دجاج مدخن
- 3 صدور دجاج مقشرة
- 50 جرام ملح بحر خشن
- 2 ملاعق كبيرة من الماتشا
- 50 جرام عسل
- ½ ملاعق كبيرة من الفلفل الأسود المطحون
- 1 لتر ماء مغلي
- 50 جرامًا من الأرز ، أي نوع سيفي بالغرض
- 30 جرام سكر ناعم
- 20 جرام سكر بني فاتح

سلطة
- 150 جرام أرز بني
- 200 غ من الفاصوليا الخضراء، المقطّعة والمقطّعة إلى 5 سم
- 2 حبة مانجو ناضجة
- 4 ملاعق كبيرة نعناع طازج مفروم
- 4 ملاعق كبيرة من الكزبرة الطازجة المفرومة ، بالإضافة إلى إضافات للتزيين
- 2 فلفل أحمر حار ، منزوع البذور ومفروم ناعماً
- ليمون ، مقطّع إلى أسافين للتقديم

تلبيس
- 3 ملاعق كبيرة من خل الأرز
- 1 ليمون حامض ، مبشور ومعصور
- 3 ملاعق كبيرة من زيت الفول السوداني أو زيت بذور اللفت
- 1 ملعقة كبيرة من الزنجبيل المبشور
- 1 فص ثوم مهروس
- 1 ملعقة صغيرة صلصة السمك
- 2 ملاعق صغيرة عسل

تعليمات:

a) اخلطي الماء المغلي وملح البحر وملعقة كبيرة من الماتشا والعسل وحبوب الفلفل في وعاء واخفقي حتى يذوب كل شيء. اتركيه ليبرد تمامًا

b) ضعي صدور الدجاج في طبق ضحل غير تفاعلي واثقب كل منها عدة مرات بسكين حاد. نسكب فوق المحلول الملحي ونضع الطبق في الثلاجة لمدة 3 ساعات

c) أخرج الدجاج من المحلول الملحي وتخلص من المحلول الملحي. اشطف صدور الدجاج لفترة وجيزة ثم ضعها في طبق وضعها في الثلاجة ، مكشوفة ، لمدة 4-8 ساعات.

d) جهز المدخن بوضع الأرز والسكر وبقية الماتشا في قاع الصينية. شغل الحرارة

e) عندما تبدأ خصلات الدخان بالظهور ، ضع صدور الدجاج على رف في المنتصف ، وقم بتغطيتها وتدخينها لمدة 35 دقيقة على نار متوسطة منخفضة. تأكد من طهيها عن طريق التقطيع في المنتصف - يجب أن تكون العصائر صافية ويجب ألا يكون هناك لحم وردي

f) بالنسبة للسلطة ، يُطهى الأرز البني في قدر كبير من الماء المغلي لحوالي 25 دقيقة ، أو حتى تمام النضج. يصفى ويترك ليبرد

g) اطهي الفاصوليا الخضراء في ماء مغلي لمدة 3 دقائق ، ثم اشطفيها بالماء البارد. يصفى ويترك ليبرد.

h) قشر المانجو واقطع اللحم بعيدًا عن الحجر. نقطعها إلى شرائح رفيعة ونضعها في وعاء كبير. يُضاف النعناع والكزبرة والفلفل الحار والفاصوليا الخضراء والأرز البني. ارمِ معًا

i) اخفقي مكونات الصلصة. تذوق وتحقق من التوابل - قد ترغب في القليل من الخل أو عصير الليمون أو العسل. يقلب مع خليط الأرز

j) قسمي سلطة الأرز بين أربعة أطباق أو سلطانيات. قطعي صدور الدجاج المدخنة إلى شرائح وقدميها مكدسة فوق سلطة أرز المانجو. تُزين بأوراق الكزبرة الإضافية وشرائح الليمون.

49. قطع لحم ضأن مدخنة بالشاي مع صلصة ميسو

يجعل: 4

مكونات
- ● 8 قطع لحم ضأن قليل الدهن
للمارينا:
- ● ½ بصل أحمر مقشر ومفروم ناعماً
- ● 2 فص ثوم مقشر ومفروم ناعماً
- ● قطعة 5 سم من جذور الزنجبيل الطازجة ، مقشرة ومفرومة ناعماً
- ● 1 فلفل أحمر ، مقشور ومفرومة خشناً
- ● 1 ملعقة كبيرة خل نبيذ الأرز أو خل شيري
للرقائق المدخنة:
- ● 8 ملاعق كبيرة شيبس تدخين ناعم
- ● 5 ملاعق كبيرة أرز جاف غير مطبوخ
- ● ملعقتان كبيرتان من أوراق الشاي الأخضر ماتشا
لتحضير صلصة التغميس الكوري والبيضاء:
- ● 100 غ من Gochujang المعدة
- ● 2 ملاعق كبيرة خل أرز
- ● 1 ملعقة كبيرة سكر ناعم
- ● 2 ملاعق صغيرة معجون ميسو أبيض
- ● 1 صفار بيضة
- ● كزبرة مفرومة طازجة وفلفل أحمر حار للتزيين

تعليمات:

a) لتحضير ماء مالح في وعاء ضحل كبير ، اخلطي جميع المكونات معًا.

b) أضيفي الشرائح وغطّيها واتركيها تنقع لمدة ساعتين في الثلاجة ، أو إذا سمح الوقت بذلك طوال الليل.

c) سخني مقلاة أو قدر كبير حتى يسخن وأضيفي رقائق الخشب. بمجرد التدخين يضاف الأرز الجاف. سخنيها لمدة 2-3 دقائق ثم أضيفي الشاي الأخضر.

d) ضع الشرائح في قدر بخار من الخيزران ، وقم بتغطيتها ، وضعها فوق مزيج التدخين. دخن لمدة 3-4 دقائق.

e) لتحضير الغمس. في مقلاة صغيرة ، اخفقي Gochujang مع خل الأرز والسكر الناعم والميسو. يُطهى برفق على نار خفيفة مع التحريك من حين لآخر. يرفع عن النار ويخفق في صفار البيض. توضع جانبا لتبرد.

f) تُطهى الشرائح تحت شواية معتدلة مسخنة مسبقًا أو شواء مُجهز لمدة 2-3 دقائق على كل جانب.

g) قدمي القطع المزينة بأوراق الكزبرة الطازجة والفلفل الحار المفروم وصلصة التغميس.

50. ماتشا القد على البخار

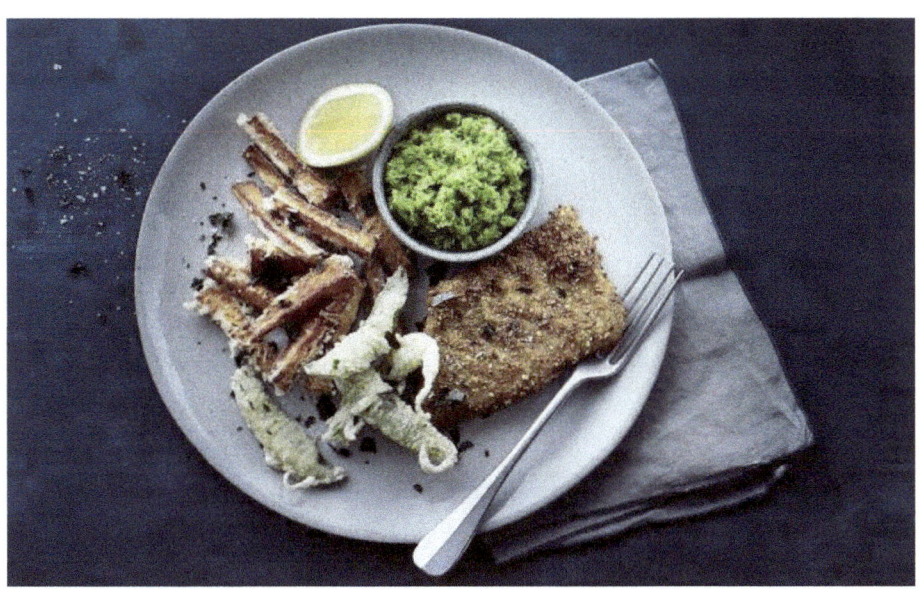

يصنع: 4 حصص

مكونات
- 2 كوب بطاطا حلوة مقشرة
- 1 رطل من سمك القد ، مقطّع إلى 4 قطع
- 2 ملاعق صغيرة مسحوق ماتشا
- 4 ملاعق كبيرة زبدة غير مملحة
- 8 أغصان زعتر طازج
- 4 شرائح ليمون طازج
- 1 ملعقة صغيرة ملح كوشير

تعليمات:

a) سخن الفرن مسبقًا إلى 425 درجة فهرنهايت. خذ 4 ورقات من ورق البرشمان ، كل منها حوالي 12 × 16 بوصة ، في النصف ثم افتحها لعمل تجعيد.

b) ضع كومة من شرائح البطاطا الحلوة على جانب واحد من كل قطعة من ورق البرشمان وقم بتغطيتها بقطعة من سمك القد.

c) نرش كل قطعة من السمك بملعقة صغيرة من الماتشا ، ثم توضع فوق كل قطعة ملعقة كبيرة من الزبدة ، و 2 غصن من الزعتر ، وشريحة من الليمون ؛ الموسم مع الملح.

d) قم بطي ورق البرشمان لإحاطة حواف التعبئة والتجعيد لإغلاقها وتشكيل حزمة على شكل هلال.

e) انقليها إلى صينية خبز واخبزيها لمدة 20 دقيقة. أخرج العبوات من الفرن واتركها ترتاح لمدة 5 إلى 10 دقائق قبل الفتح.

الصلصات والبيستوس

51. مسحوق ماتشا صلصة البيستو

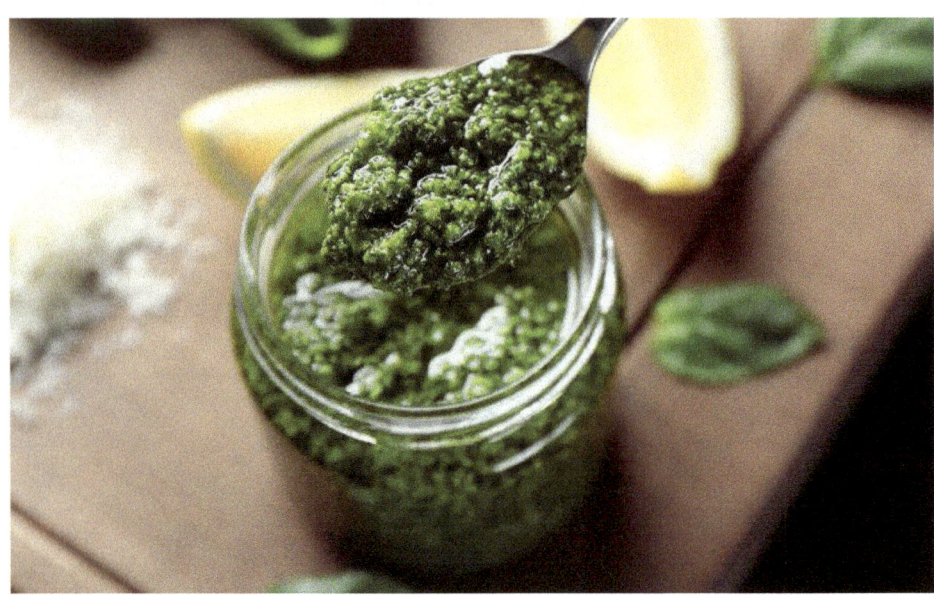

يجعل: 32 حصة

مكونات
- 1 ملعقة كبيرة مسحوق ماتشا
- 1 كوب أوراق ريحان طازجة
- نصف كوب سبانخ صغيرة طازجة
- كوب من أوراق البقدونس المسطحة الطازجة
- 1 فص ثوم كبير
- 3 ملاعق كبيرة صنوبر أو شظايا لوز
- كوب جبن بارميزان مبشور ناعم
- نكهة ليمون واحدة
- 1 كوب زيت زيتون بكر ممتاز
- رشة ملح
- رشة فلفل أسود

تعليمات
a) أضف ماتشا والريحان والسبانخ والبقدونس والثوم والمكسرات وقشر الليمون والملح والفلفل في معالج الطعام أو الخلاط واخلطهم حتى يصبحوا معجونًا.

b) نضيف الجبن ونخفق مع تقطير الزيت.

52. ماتشا جواكامولي

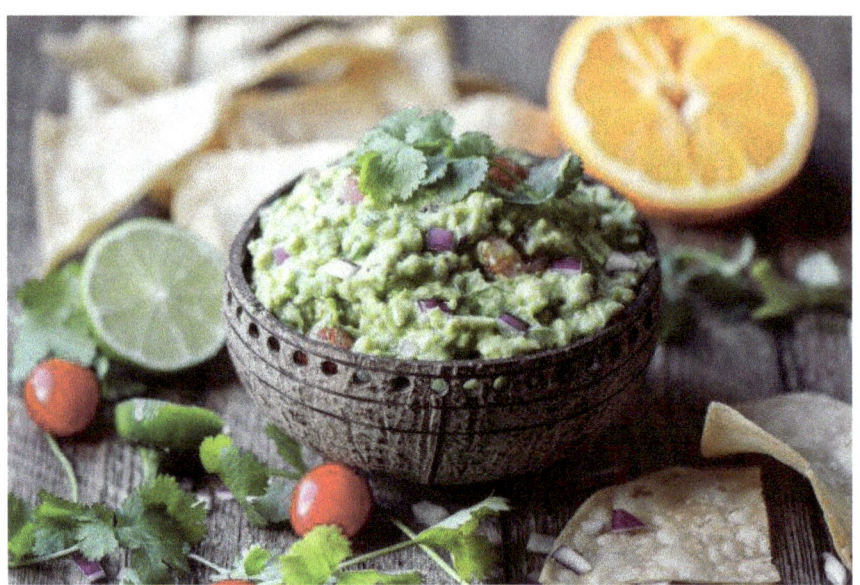

مكونات

- 4-2 ملاعق صغيرة من مسحوق الماتشا
- 3 أفوكادو ناضجة
- 1 بصلة حمراء صغيرة مفرومة ناعماً
- حفنة من الطماطم الكرزية ، مغسولة ومقطعة ناعماً
- 3 أغصان كزبرة مغسولة ومقطعة ناعماً
- زيت زيتون بكر ممتاز للرذاذ
- عصير 1 ليمونة
- البهارات: ملح ، فلفل ، اوريجانو مجفف ، بابريكا وبذور كزبرة مطحونة

تعليمات:

a) قم بتقطيع الأفوكادو إلى نصفين وحجره وقطعه تقريبًا. اترك حفنة من الأفوكادو المفروم تقريبًا جانبًا.

b)اسكبي باقي المكونات في وعاء كبير واستخدمي شوكة لهرس الجواكامولي وتقليبه جيدًا.

c) أضيفي باقي الأفوكادو ورشي بعض أوراق الكزبرة فوقه.

53. ماتشا وحمص الشمندر

مكونات
- نصف ملعقة صغيرة من مسحوق الماتشا
- 400 جرام من الحمص ، مصفى ومصفى
- 250 جرام شمندر مطبوخ
- 1 فص ثوم
- 2 ملاعق كبيرة طحينة
- 2 ملعقة صغيرة كمون مطحون
- 100 مل زيت زيتون بكر ممتاز
- عصير ليمون
- ملح للتذوق

تعليمات:

a) أضف جميع المكونات باستثناء الحمص في الخلاط / معالج الطعام. امزج حتى تصبح ناعمة.

b) نضيف الحمص ونخلط مرة أخرى حتى تصبح ناعمة ولذيذة!

حَلوَى

54. ايس كريم وسابي وخيار

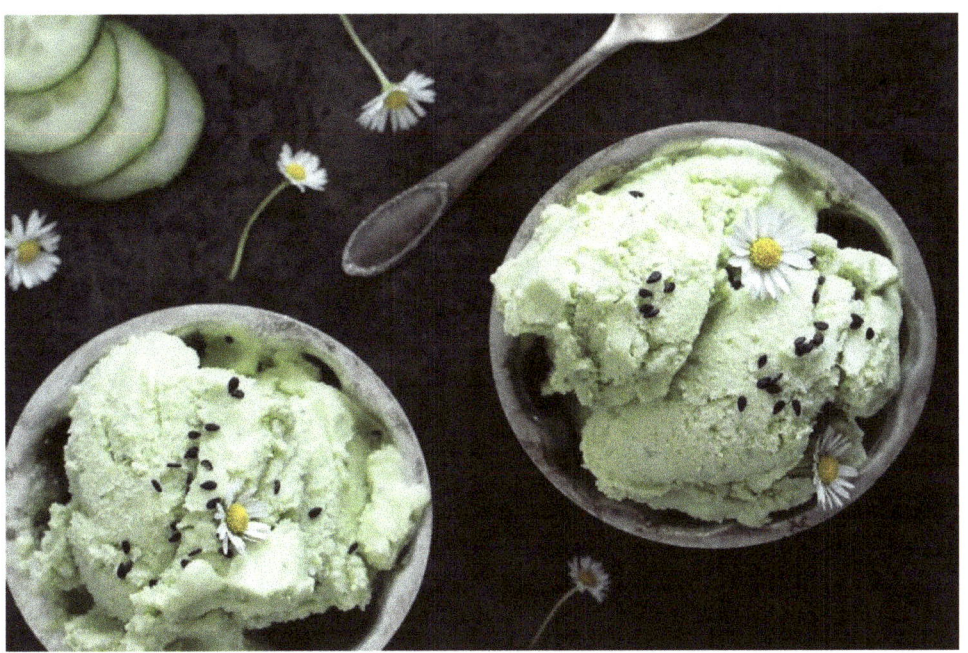

يجعل: 8-4

مكونات:

- 1 علبة حليب جوز الهند كامل الدسم
- ملعقتان كبيرتان من السكر من اختيارك
- 1 خيار ، مقطع إلى مكعبات صغيرة
- ½ عصير ليمون
- 1 ملعقة صغيرة ماتشا
- 2-1 ملاعق كبيرة معجون الوسابي

تعليمات:

a) يُمزج الماتشا وحليب جوز الهند والسكر وعصير الليمون ومعجون الوسابي والخيار.

b) إذا كان لديك صانعة آيس كريم ، فقط أضف الخليط إليها وتابع وفقًا لتوجيهات الشركة المصنعة.

c) أو ببساطة ضع المكونات في وعاء آمن للتجميد وقم بتجميدها.

d) قلب الخليط بشوكة كل ساعة حتى يتماسك تمامًا.

55. كعكة الماتشا والفراولة

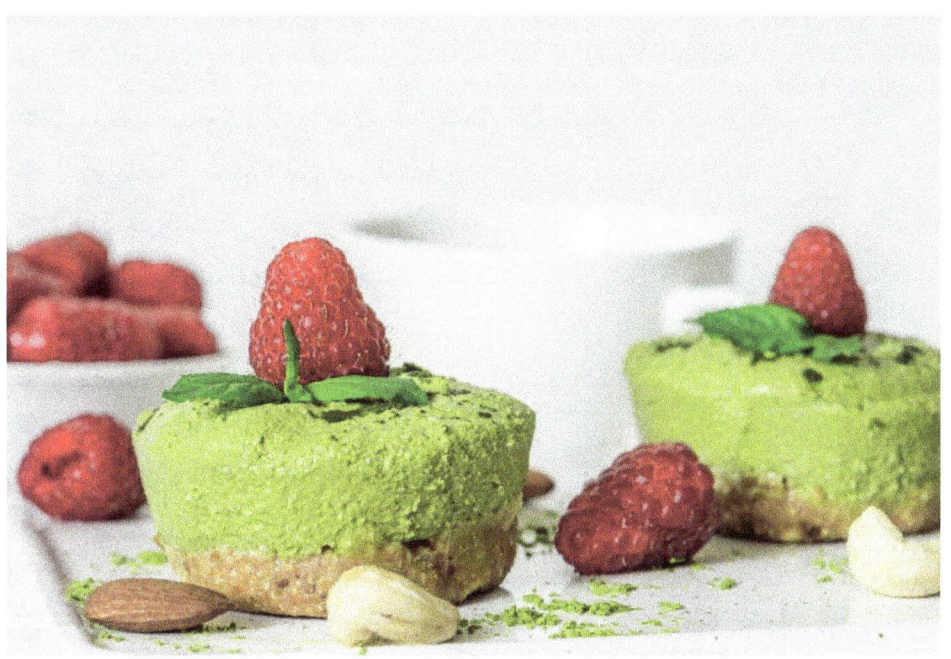

مكونات:

- 190 جرام دقيق لجميع الأغراض
- 10 جرام من مسحوق ماتشا
- 15 جرام دقيق التابيوكا
- 1 ملعقة صغيرة بيكنج بودر خالية من الألمنيوم
- 2/1 ملعقة صغيرة من صودا الخبز
- 100 جرام سكر
- 1 كوب حليب الصويا أو اختيار حليب نباتي
- 70 جرام زيت محايد
- 1 ملعقة كبيرة خل أبيض
- كريمة مخفوقة نباتية
- فراولة أو توت مقطعة شرائح للتزيين

تعليمات:

a) سخني الفرن إلى 375 درجة فهرنهايت.

b) تبطن القصدير بورق الزبدة.

c) في وعاء كبير ، اخفقي الحليب ببطء مع زيت الزيتون. استمر في الخفق حتى يصبح الخليط مستحلبًا. أضف السكر وامزج جيدا.

d) في نفس الوعاء ، أضيفي المكونات الجافة المنخلّة واخلطيها حتى تمتزج. يضاف الخل الأبيض ويخلط جيدا.

e) صب الخليط في القصدير المحضر.

f) اخبزيها لمدة 20-25 دقيقة أو حتى يخرج عود أسنان نظيفًا. اتركه يبرد تمامًا قبل التزيين.

g) تزيين الكيكة بالفراولة والكريمة المخفوقة.

56. مصاصات اللوز ماتشا

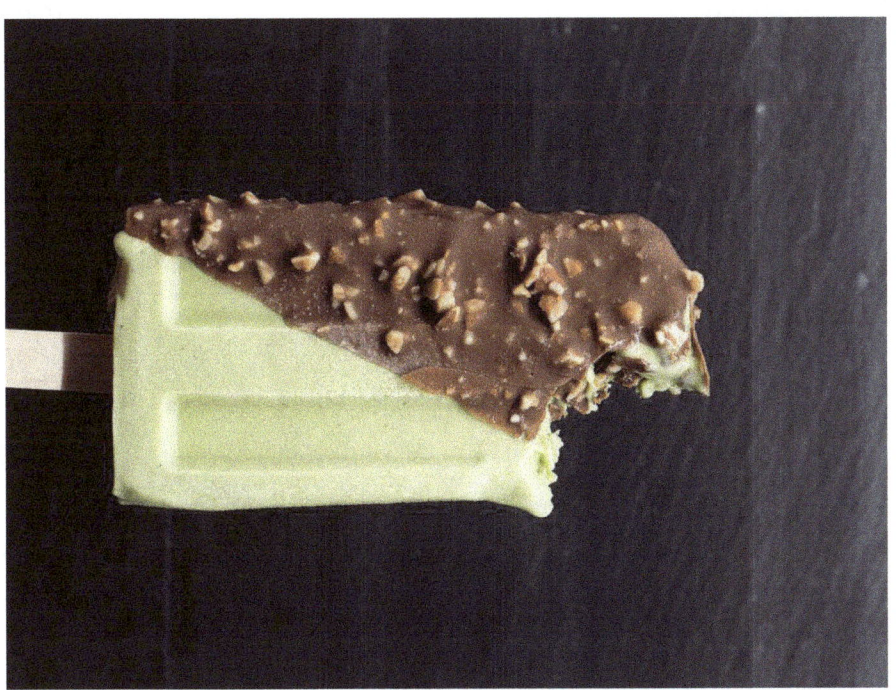

يجعل: 4

مكونات:
● 2 كوب زبدة لوز
● 2 ملاعق كبيرة زيت لوز
● 1 ملعقة صغيرة ماتشا
● نصف كوب اريثريتول
● حفنة من المكسرات

تعليمات:
a) ضع جميع المكونات في الخلاط واخلطها حتى تمتزج تمامًا ، حوالي 30 ثانية.

b) صب الخليط في 8 قوالب المصاصة ، التنصت على القوالب لطرد فقاعات الهواء.

c) تجمد لمدة 8 ساعات على الأقل أو بين عشية وضحاها.

d) إزالة المصاصات من القوالب. إذا كان من الصعب إزالة المصاصات ، فقم بتشغيل القوالب تحت الماء الساخن لفترة وجيزة ، وستفقد المصاصات.

57. أكواب ماتشا الخروب

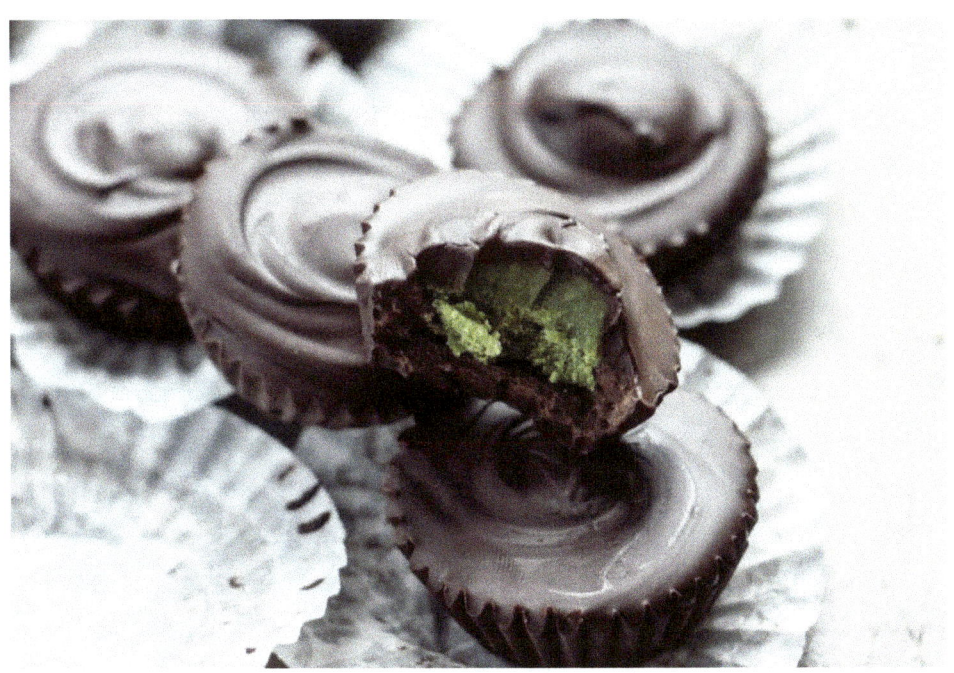

يجعل: 4

مكونات:

- ⅔كوب زبدة الخروب
- نصف كوب من مسحوق الخروب
- ⅓كوب شراب القيقب
- نصف كوب زبدة كاجو
- 2 ملعقة صغيرة مسحوق ماتشا
- ملح البحر

تعليمات:

a) املأ مقلاة صغيرة بها⅓كوب من الماء وضع وعاء في الأعلى ، يغطي المقلاة. بمجرد أن يصبح الوعاء ساخنًا ، والماء أدناه يغلي ، قم بإذابة زبدة الخروب داخل الوعاء ، وقم بتشغيل الحرارة ، و. بمجرد أن يذوب ، يُرفع عن النار ويُضاف شراب القيقب ومسحوق الخروب لبضع دقائق حتى تتكاثف الشوكولاتة.

b) باستخدام حامل كب كيك متوسط الحجم ، املئي الطبقة السفلية بملعقة كبيرة من خليط الشوكولاتة. عندما تملأ جميع حوامل الكب كيك ، ضعها في الفريزر لمدة 15 دقيقة لضبطها.

c) أخرجي الشوكولاتة المجمدة من الفريزر وضعي عليها ملعقة كبيرة من عجينة زبدة الماتشا / الكاجو فوق طبقة الشوكولاتة المجمدة. بمجرد الانتهاء من ذلك ، اسكب الشوكولاتة المذابة المتبقية فوق كل دمية ، بحيث تغطي أي شيء. رشي ملح البحر واتركيه في الفريزر لمدة 15 دقيقة.

58. ماتشا فودج

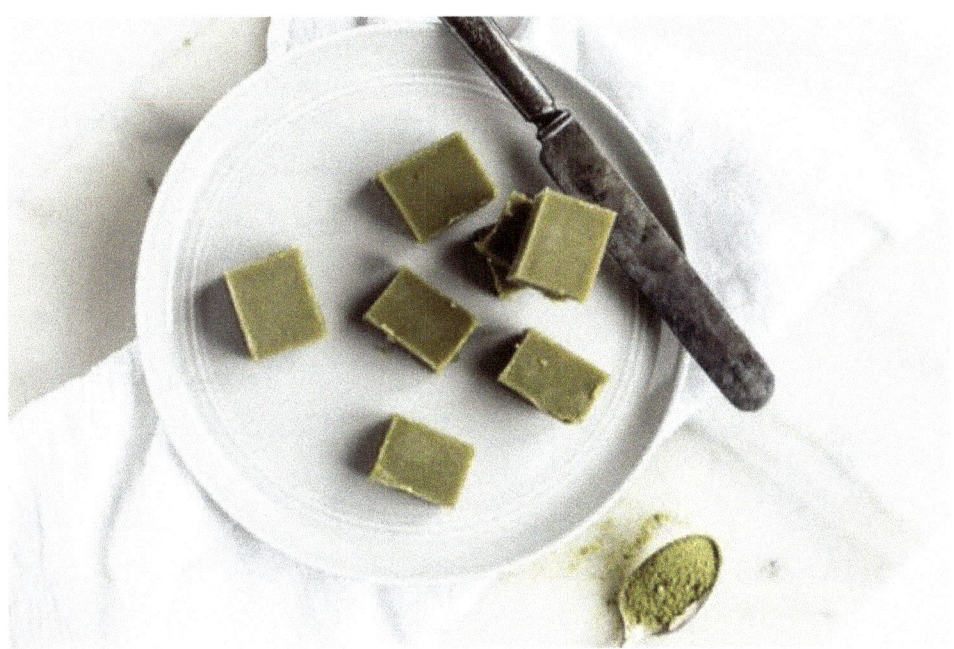

يجعل: 4

مكونات:

- 85 جرام زبدة لوز محمصة
- 60 جرام دقيق الشوفان
- 4 ملاعق صغيرة مسحوق ماتشا
- 168 جم مسحوق بروتين
- 10 قطرات ليمون
- 1 ملعقة صغيرة مستخلص ستيفيا
- 1 كوب حليب لوز فانيليا غير محلى
- 4 أونصات شوكولاتة داكنة ، ذائبة

تعليمات:

a) تُذوّب زبدة اللوز في قدر ويُضاف دقيق الشوفان ومسحوق الماتشا ومسحوق البروتين وقطرات الليمون وستيفيا. اخلط جيدا.

b) الآن اسكبي الحليب وقلبي باستمرار حتى تمتزج جيدًا.

c) انقلي المزيج إلى صينية الخبز وضعيه في الثلاجة حتى ينضج.

d) رشي الشوكولاتة المذابة على الوجه وضعيها في الثلاجة مرة أخرى حتى تصبح الشوكولاتة متماسكة.

e) قطعيها إلى 5 بارات واستمتعوا بها.

59. ايس كريم سوبرفوود

مكونات

لخليط الآيس كريم:

● علبة 13.5 أونصة من حليب جوز الهند كامل الدسم

● كوب محلي حبيبي عضوي

● 2 ملاعق صغيرة من مسحوق الماتشا العضوي

● 1 ملعقة صغيرة مسحوق باوباب عضوي

للإضافة:

● كوب حبيبات الكاكاو الخام العضوية

تعليمات:

a) أضيفي جميع مكونات خليط الآيس كريم إلى مزيج الفيتامكس واخلطي حتى تمتزج جيدًا وتصبح ناعمة.

b) اسكبي مزيج الآيس كريم في آلة صنع الآيس كريم وحضريها وفقًا لتعليمات الآلة.

c) عندما تنتهي آلة صنع الآيس كريم من صنع الآيس كريم ، قلب حبيبات الكاكاو يدويًا.

60. ماتشا وتوت شراب

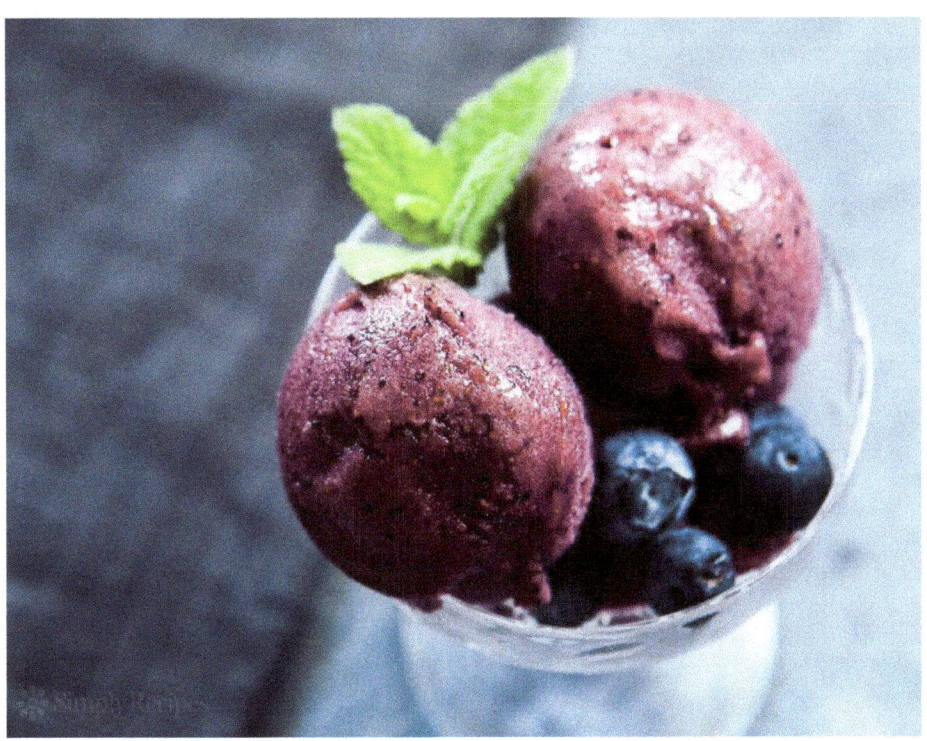

يجعل: 2 حصص

مكونات:

- 1 ملعقة صغيرة مسحوق ماتشا
- 1 كوب من العنب البري المجمد
- 1 موز مجمد
- نصف كوب حليب جوز الهند

تعليمات:

a) أضف جميع المكونات إلى الخلاط أو معالج الطعام واخلطهم حتى يصبح المزيج ناعمًا.

b) أضف المزيد من السائل إذا لزم الأمر.

.61 ماتشا كي لايم فطيرة

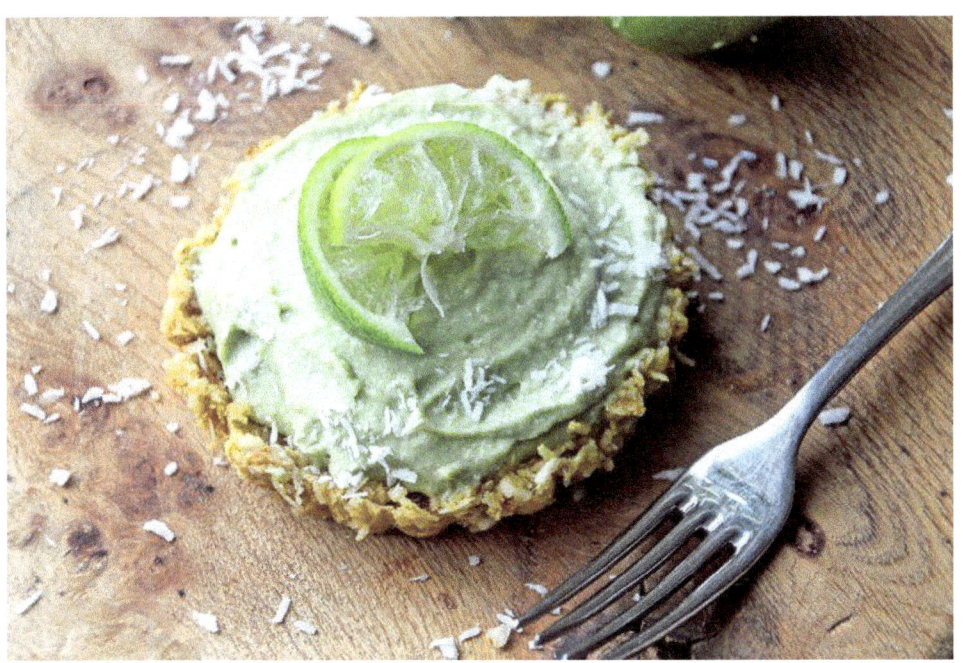

يجعل: 12

مكونات:

للقشرة:

- 2 كوب جوز برازيلي / جوز برازيلي / كاجو
- نصف كوب جوز هند مجفف
- 1 كوب تمر مدجول

لملء:

- 2 ملعقة صغيرة مسحوق ماتشا
- 1 2/1 كوب كاجو منقوع
- 1 أفوكادو
- عصير 3 حبات ليمون
- نصف كوب زيت جوز هند مذاب
- نصف كوب كريمة جوز الهند المعلبة
- ⅓ كوب عسل خام / شراب قيقب / رحيق صبار

تعليمات:

للقشرة:

a) تُمزج المكسرات في محضر الطعام حتى تصبح ناعمة.

b) أضيفي باقي المكونات واخلطيها لتشكيل عجينة.

c) اضغطي القشرة بالتساوي في قالب كعك على شكل زنبركي أو 4-6 علب تورتة صغيرة.

لملء:

d) امزج جميع المكونات في خلاط عالي القوة حتى تصبح ناعمة جدًا.

e) يُسكب على القشرة ويُجمد لمدة 2-3 ساعات.

f) أخرجه من الفريزر 10-15 دقيقة قبل التقديم.

62. أكواب الشاي الأخضر والليمون

يجعل: 10

مكونات:

- ربع كوب زبدة جوز الهند
- ½ كوب مكسرات مكاديميا
- كوب زبدة كاكاو
- نصف كوب زيت جوز الهند
- ¼ كوب سويرف مسحوق
- 1 ملعقة كبيرة قشر ليمون ، مبشور ناعم
- 1 ملعقة صغيرة مسحوق ماتشا

تعليمات:

e) ابدأ بنبض جميع مكوناتك ، باستثناء قشر الليمون والماتشا ، في معالج الطعام لمدة دقيقة لدمجهم جميعًا.

f) قسمي الخليط إلى وعاءين. يجب أن تقسم إلى النصف بشكل متساوٍ قدر الإمكان قبل أن تقسم إلى نصفين.

g) يجب وضع مسحوق الماتشا في وعاء منفصل. في طبق معين ، اخلطي قشر الليمون والمكونات الأخرى.

h) قم بإعداد 10 أكواب مافن صغيرة عن طريق حشوها في منتصف الطريق بمزيج الماتشا ثم قم بتغطيتها بملعقة كبيرة ونصف من مزيج الليمون. اجلس جانبا. تأكد من وضعها في الثلاجة لمدة ساعة على الأقل قبل التقديم.

63. مصاصات ماتشا

يجعل: 4

مكونات:

- 2 كوب كريمة جوز الهند غير المحلاة ، مبردة
- 2 ملاعق كبيرة زيت جوز الهند
- 1 ملعقة صغيرة ماتشا
- نصف كوب إريثريتول أو سويرف حببي

تعليمات:

e) ضع جميع المكونات: في الخلاط واخلطها حتى تمتزج تمامًا ، حوالي 30 ثانية.

f) صب الخليط في 8 قوالب المصاصة ، التنصت على القوالب لطرد فقاعات الهواء.

g) تجمد لمدة 8 ساعات على الأقل أو بين عشية وضحاها.

h) إزالة المصاصات من القوالب. إذا كان من الصعب إزالة المصاصات ، فقم بتشغيل القوالب تحت الماء الساخن لفترة وجيزة ، وستفقد المصاصات.

64. آیس کریم ماتشا

يجعل: 2

مكونات:
● مسحوق ماتشا ، ثلاث ملاعق كبيرة
● نصف ونصف ، كوبان
● ملح كوشير ، رشة
● سكر ، نصف كوب

تعليمات:
a) في قدر متوسطة الحجم ، اخفقي النصف والنصف مع السكر والملح.
b) ابدأ في طهي المزيج على نار متوسطة ، وأضف مسحوق الشاي الأخضر.
c) يُرفع عن النار ويُنقل المزيج إلى وعاء في حمام جليدي. عندما يبرد الخليط ، قم بتغطيته بغلاف بلاستيكي وقم بتبريده في الثلاجة.
d) طبقك جاهز للتقديم.

65. أكواب ماتشا كاجو

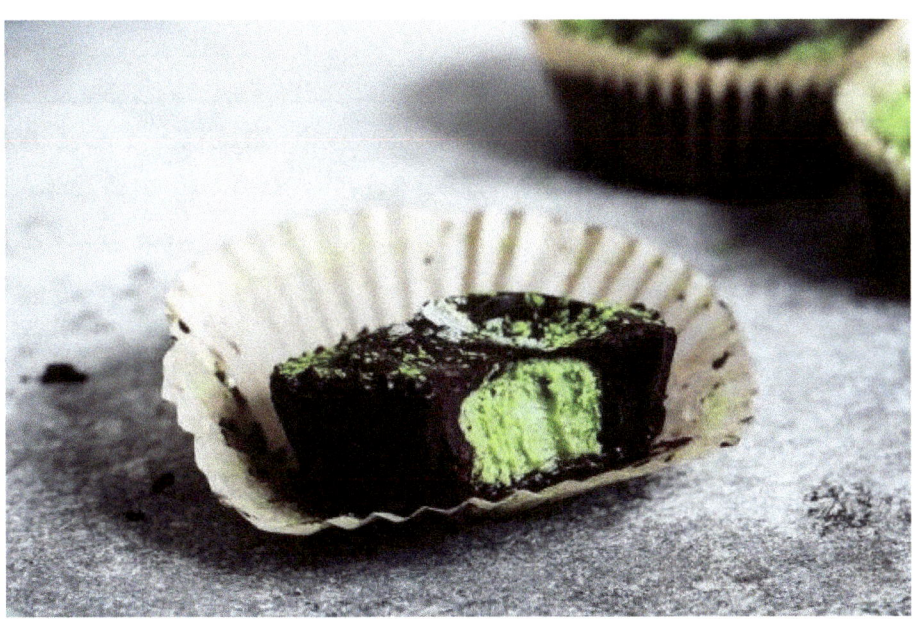

يجعل: 4

مكونات:

● ⅔ كوب زبدة كاكاو.

● نصف كوب مسحوق كاكاو.

● ⅓ كوب شراب القيقب.

● نصف كوب زبدة كاجو أو أي نوع تريده.

● 2 ملعقة صغيرة مسحوق ماتشا.

● ملح البحر.

تعليمات:

d) املأ مقلاة صغيرة بها ⅓ كوب من الماء وضع وعاء في الأعلى ، يغطي المقلاة. بمجرد أن يصبح الوعاء ساخنًا ، والماء أدناه يغلي ، قم بإذابة زبدة الكاكاو داخل الوعاء ، وقم بتشغيل الحرارة ، و. بمجرد أن يذوب ، يُرفع عن النار ويُضاف شراب القيقب ومسحوق الكاكاو لبضع دقائق حتى تتكاثف الشوكولاتة.

e) باستخدام حامل كب كيك متوسط الحجم ، املئ الطبقة السفلية بملعقة كبيرة من خليط الشوكولاتة. عندما تملأ جميع حوامل الكب كيك ، ضعها في الفريزر لمدة 15 دقيقة لضبطها.

f) أخرجي الشوكولاتة المجمدة من الفريزر وضعي عليها ملعقة كبيرة من عجينة زبدة الماتشا / الكاجو فوق طبقة الشوكولاتة المجمدة. بمجرد الانتهاء من ذلك ، اسكب الشوكولاتة المذابة المتبقية فوق كل دمية ، بحيث تغطي أي شيء. رشي ملح البحر واتركيه في الفريزر لمدة 15 دقيقة.

66. ماتشا الشاي الأخضر فادج

يجعل: 4

مكونات:

● زبدة اللوز المحمصة 85 جم

● دقيق الشوفان ، 60 جم

● حليب اللوز الفانيليا غير المحلى ، 1 كوب

● مسحوق البروتين ، 168 جرام

● شوكولاتة داكنة ، 4 أونصات ذائبة

● مسحوق الشاي الأخضر ماتشا ، 4 ملاعق صغيرة

● مستخلص ستيفيا ، 1 ملعقة صغيرة

● 10 قطرات ليمون

تعليمات:

f) تُذوّب الزبدة في قدر ويُضاف دقيق الشوفان ومسحوق الشاي ومسحوق البروتين وقطرات الليمون وستيفيا. اخلط جيدا.

g) الآن اسكبي الحليب وقلبي باستمرار حتى تمتزج جيدًا.

h) انقلي المزيج إلى صينية الخبز وضعيه في الثلاجة حتى ينضج.

i) رشي الشوكولاتة المذابة على الوجه وضعيها في الثلاجة مرة أخرى حتى تصبح الشوكولاتة متماسكة.

67. ماتشا كريم

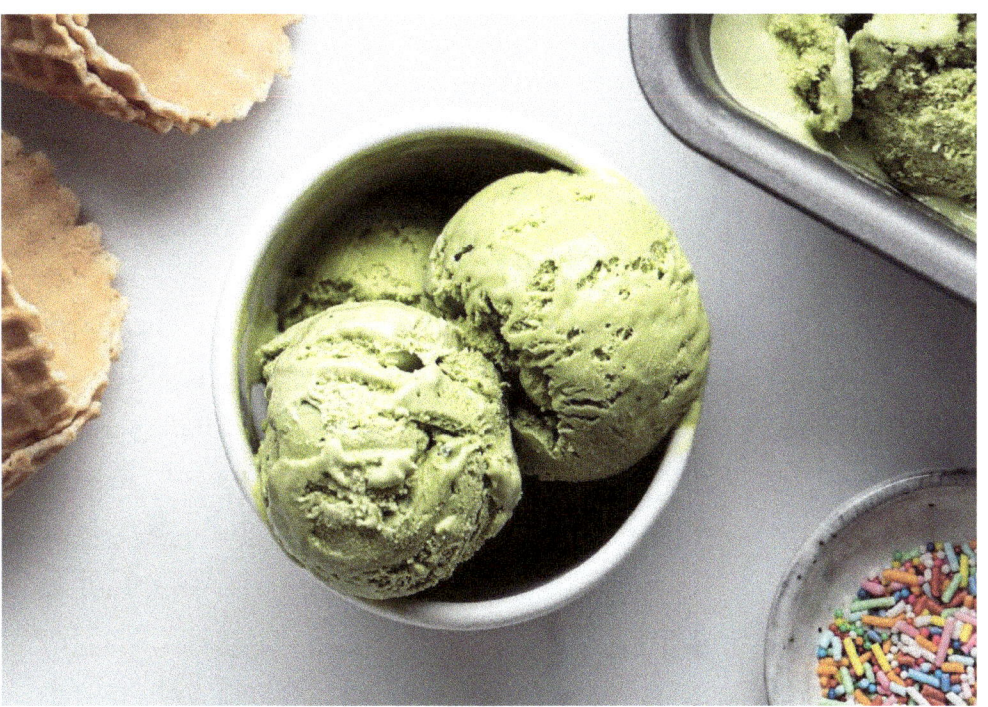

يجعل: 2

مكونات:
● 1 كوب حليب كامل الدسم
● نصف كوب سكر
● 4 ملاعق كبيرة مسحوق ماتشا
● 2 كوب كريمة ثقيلة

تعليمات:

a) يُمزج الحليب والسكر وماتشا في قدر متوسطة الحجم ويُخفق حتى يذوب مسحوق الماتشا. يُغلى المزيج على نار متوسطة مع الخفق حتى يذوب السكر. يرفع عن النار ويقلب مع الكريمة.

b) تبرد حتى تصل إلى درجة حرارة الغرفة ، ثم تغطى وتبرد حتى تبرد جيدًا ، من 3 إلى 4 ساعات ، أو طوال الليل.

c) يُسكب المزيج المبرد في آلة صنع الآيس كريم ويُجمّد حسب التوجيهات.

d) انقل الآيس كريم إلى وعاء آمن للفريزر وضعه في الفريزر. اتركه يتماسك لمدة ساعة إلى ساعتين قبل التقديم.

68. ماتشا البرسيمون

يجعل: 2

مكونات:
- 1 كوب زبادي يوناني
- 1 ملعقة صغيرة ماتشا
- نصف ملاعق صغيرة من خلاصة الفانيليا
- 1 ملعقة كبيرة عسل

تتصدر
- البرسيمون
- عناقيد السمسم

تعليمات:
a) امزج جميع المكونات في وعاء.

69. آيس كريم الأفسنتين والمرينج

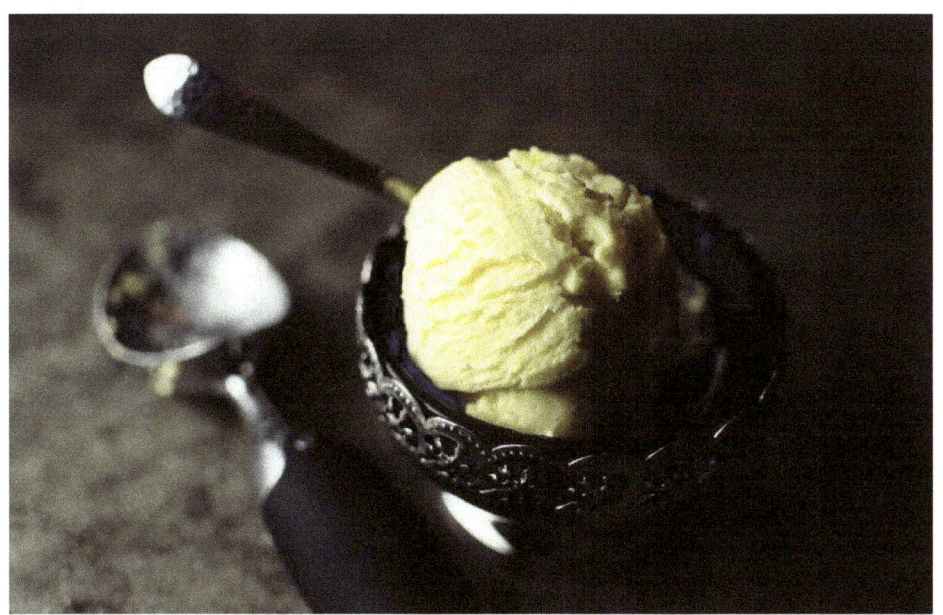

يصنع: حوالي 1 لتر

مكونات:
- 2⅔أكواب حليب كامل الدسم
- 1 ملعقة كبيرة بالإضافة إلى 2 ملعقة صغيرة نشا ذرة
- 4 ملاعق كبيرة جبنة كريمية طرية
- نصف ملعقة صغيرة من مسحوق الماتشا
- ملعقة صغيرة ملح بحري ناعم
- 1½ كوب كريمة ثقيلة
- نصف كوب سكر
- نصف كوب شراب ذرة خفيف
- 1¼ كوب من الأفسنتين أو بيرنو أو باستيس
- ½ ملعقة صغيرة من مستخلص اليانسون
- 1 كوب مرنغ مفتت منكعكة الميرانغ

تعليمات:

a) اخلطي حوالي 2 ملاعق كبيرة من الحليب مع نشا الذرة في وعاء صغير لعمل عجينة ناعمة.

b) اخفقي الجبن الكريمي والماتشا والملح في وعاء متوسط حتى يصبح المزيج ناعمًا.

c) املأ وعاءً كبيرًا بالثلج والماء.

d) يُطهى يُمزج الحليب المتبقي والقشدة والسكر وشراب الذرة في قدر 4 لتر ، ويُغلى المزيج على نار متوسطة عالية ويُغلى لمدة 4 دقائق. تُرفع عن النار وتُخفق تدريجياً في ملاط نشا الذرة. يُغلى المزيج مرة أخرى على نار متوسطة عالية ويُطهى مع التحريك بملعقة مقاومة للحرارة ، حتى يتماسك قليلاً ، لمدة دقيقة تقريبًا. يرفع عن النار.

e) يُبرّد ويُخفق مزيج الحليب الساخن تدريجيًا في الجبن الكريمي حتى يصبح ناعمًا. صب الخليط في كيس تجميد سعة 1 جالون من Ziplock واغمر الكيس المغلق في الحمام الجليدي. دعها تقف ، مع إضافة المزيد من الثلج حسب الضرورة ، حتى تبرد ، لمدة 30 دقيقة.

f) تجميد قم بإزالة العلبة المجمدة من الفريزر ، قم بتجميع آلة الآيس كريم الخاصة بك ، وقم بتشغيلها. اسكبي قاعدة الآيس كريم في العلبة ودعيها حتى تصبح سميكة وكريمة.

g) ضع الآيس كريم في وعاء تخزين. أضيفي الأفسنتين وخلاصة اليانسون واخلطيهم مع قطع الميرانغ. اضغط على ورقة من الورق مباشرة على السطح وأغلقها بغطاء محكم. قم بالتجميد في أبرد جزء من الفريزر.

70. شربات الشاي الأخضر

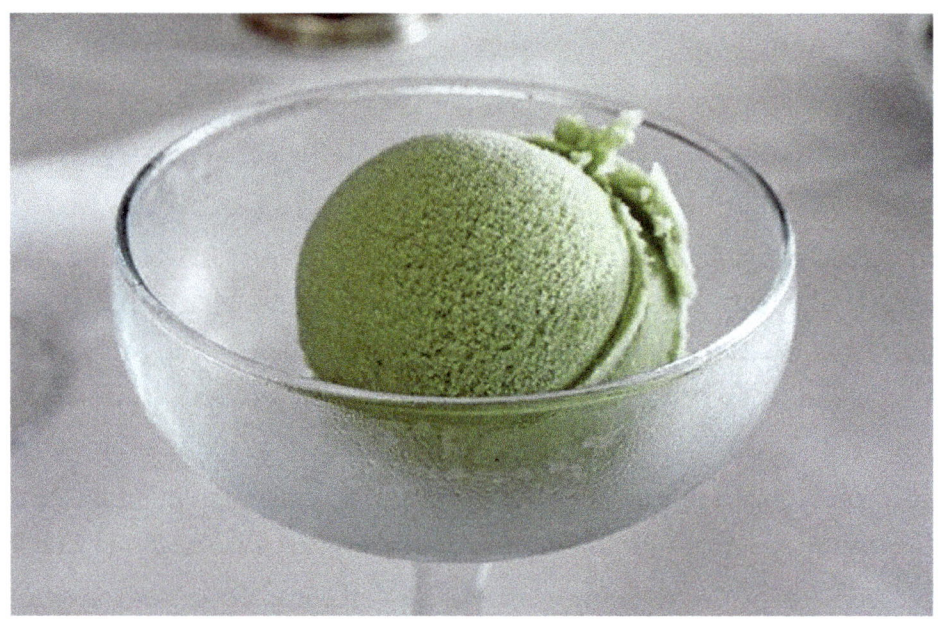

يصنع: 4 حصص

مكونات:
- نصف كوب سكر
- 3 أكواب من الشاي الأخضر الساخن

تعليمات:

a) ذوبي السكر في الشاي وضعيه في الثلاجة حتى يبرد جيداً.

b) قم بالتجميد في مجمد الآيس كريم وفقًا لتعليمات الشركة الصانعة.

71. بودنغ بذور الشيا

يجعل: 1

مكونات
- نصف كوب من بذور الشيا السوداء
- 1 كوب حليب نباتي
- ½ عصير ليمون طازج
- نصف ملعقة صغيرة مسحوق اشواغاندا
- رشة من مسحوق الفانيليا
- 1 ملعقة صغيرة مسحوق ماتشا
- 1 قطعة صغيرة من الزنجبيل المبشور الطازج

تعليمات:
a) في وعاء كبير ، اخفقي بذور الشيا مع الحليب وعصير الليمون.

b) اخفقي في اشواغاندا ، الفانيليا ، ماتشا ، والزنجبيل. ضعيها في الثلاجة وحركيها مرة أخرى بعد 15-30 دقيقة.

c) غطي خليط البودينغ وانقعه في الثلاجة لمدة 2-8 ساعات طوال الليل للسماح للشيا بالازدهار في البودينغ.

72. آيس كريم ماتشا بالفستق

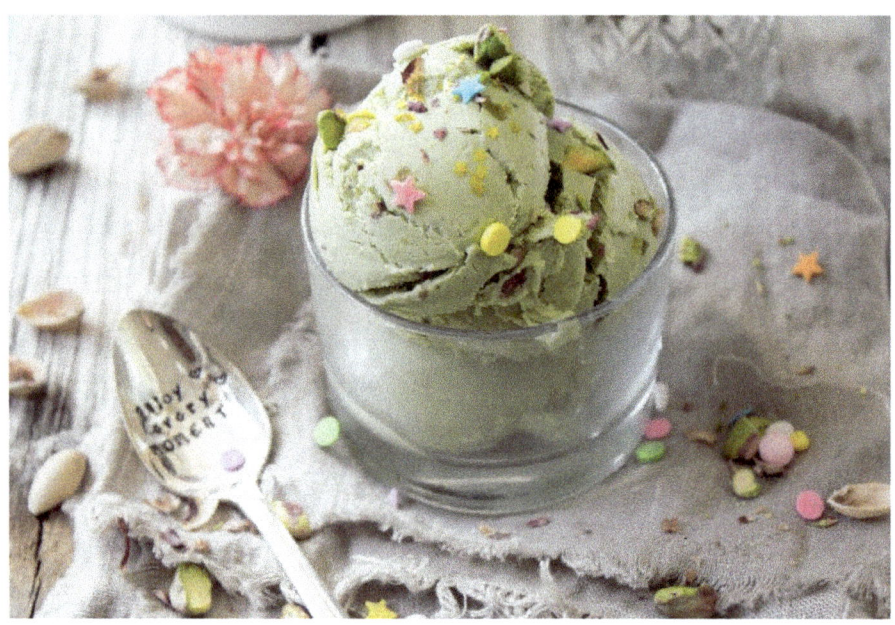

تصنع: 8 حبات آيس كريم صغيرة

مكونات:

● 2 ملاعق صغيرة من مسحوق ماتشا الشاي الأخضر
● نصف كوب فستق مقشر
● نصف كوب كاجو
● نصف كوب حليب جوز الهند
● 1 كوب لب جوز الهند
● 2 ملاعق صغيرة معجون الفانيليا
● ربع كوب شراب القيقب
● 3 ملاعق كبيرة زيت جوز الهند مذابة
● 100 جرام شوكولاتة داكنة أو شوكولاتة خام ذات نوعية جيدة ، ذائبة

تعليمات:

a) يُمزج الفستق والكاجو في محضر طعام أو خلاط عالي القوة ويخلط إلى فتات ناعم.

b) يُضاف حليب جوز الهند ، ولب جوز الهند ، والفانيليا ، ومسحوق شاي الماتشا الأخضر ، والقيقب ، ويُمزج حتى يصبح ناعماً.

c) استمر في تشغيل الخلاط أثناء صب زيت جوز الهند المذاب. يجب أن يخلق هذا تناسقًا كريميًا جميلًا في المزيج.

d) يُسكب في قوالب الآيس كريم أو الرامكين ويجمد لمدة 2-3 ساعات حتى يثبت.

e) للتقديم ، قم بإزالة الآيس كريم من القوالب ، وضعها في صينية مبطنة بورق الخبز ، ورشيها فوق الشوكولاتة المنصهرة.

f) ضعه في الثلاجة لمدة دقيقة أو دقيقتين ثم قدمه.

73. الفراولة والشوفان والماتشا

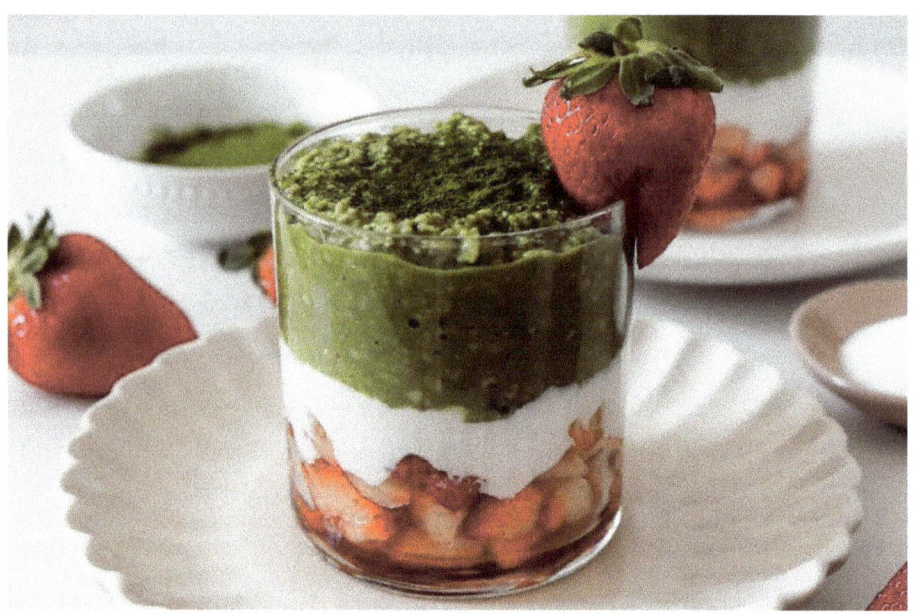

يجعل: 2

مكونات:

- 1 كوب شوفان عتيق
- 2 كوب دقيق لجميع الأغراض
- ⅔أكواب سكر
- 1 ملعقة كبيرة بيكنج بودر
- ملعقتان كبيرتان شاي ماتشا أخضر ، منخول
- نصف ملعقة صغيرة ملح
- 1 2/1 كوب حليب
- 2 ملاعق صغيرة من خلاصة الفانيليا
- 2 بيضة مخفوقة
- عبوة 6 أونصة من اللبن الزبادي اليوناني الخالي من الدسم
- ⅓كوب زيت جوز الهند ، في حالة سائلة
- 1 رطل من الفراولة العضوية ، مقطعة إلى مكعبات
- رذاذ غير لاصق
- سكر الصنفرة ، للانتهاء

تعليمات:

f) سخني الفرن على حرارة 200 درجة مئوية. ضع 8 بطانات كب كيك في كل علبة ، ثم رش عليها برفق بطبقة من الرذاذ المقاوم للالتصاق.

g) في وعاء خلط واحد ، اخلطي جميع المكونات الجافة. في وعاء خلط آخر ، اخلطي جميع المكونات الرطبة. اخلطي المكونات المبللة ببطء في الجاف حتى تمتزج تمامًا. اخلطي الفراولة المقطعة برفق. استخدم ملعقة أو مغرفة آيس كريم لملء البطانات حتى يصبح الخليط خجولًا تمامًا من الحافة العلوية للبطانة.

h) رشي السطح بسكر الصنفرة للحصول على قشرة مافن مقرمشة.

i) اخبزي الكعك على حرارة 200 درجة مئوية لأول 10 دقائق ، ثم اخفضي الحرارة إلى 80 درجة مئوية لمدة 12-15 دقيقة أخرى تقريبًا حتى يصبح السطح ذهبيًا جدًا ويخرج عود أسنان نظيفًا.

j) عندما تبرد الكعك بدرجة كافية لتحملها ، انقلها إلى رف التبريد. إذا قمت بتقديم الفطائر على الفور ، فقد تميل إلى الالتصاق بالبطانات. انتظر حتى تبرد تمامًا ويجب أن تتحرر بسهولة.

74. الماتشا والتمر والموز نايس كريم

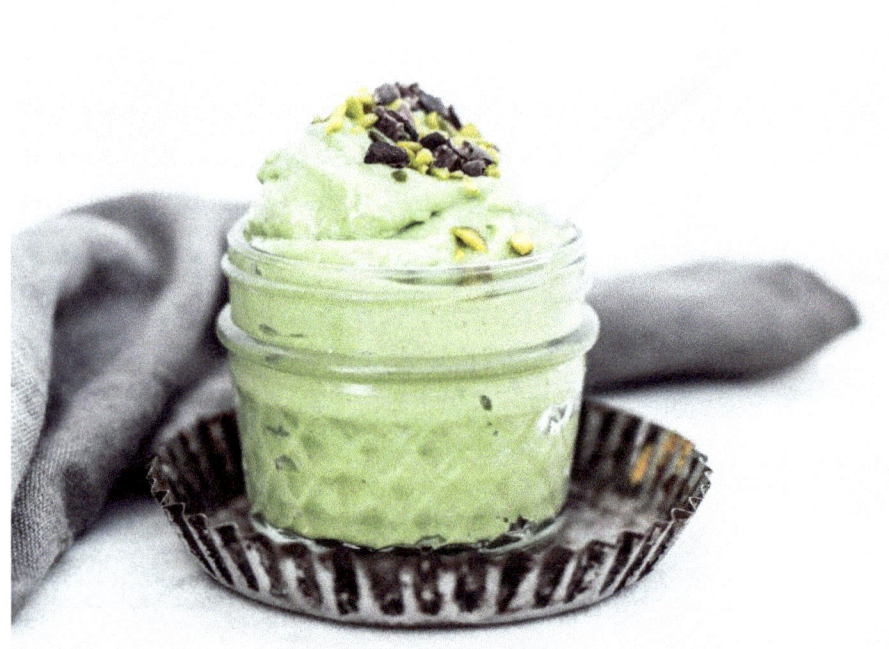

يجعل: 2

مكونات:
- 5 حبات موز مجمدة
- ماء جوز الهند
- 2 تمور
- 1 ملعقة كبيرة مسحوق ماتشا الشاي الأخضر

تعليمات:
a) ضع جميع المكونات في معالج الطعام الخاص بك
b) تقدم في وعاء جميل
c) تزيين مع تحتل المرتبة الاولى من اختيارك.

75. كريم الموز ماتشا نايس

يصنع: 2-3 حصص

مكونات:
- ● 2 حبة موز كبيرة مقشرة ومقطعة إلى قطع ومجمدة
- ● 1 ملعقة صغيرة من مسحوق ماتشا الشاي الأخضر

تعليمات:

a) ضع قطع الموز في محضر الطعام المزود بشفرة على شكل S وقم بتشغيل الجهاز.

b) دع المحرك يعمل حتى يصبح للموز قوام كريمي للغاية ، تمامًا مثل الآيس كريم الناعم.

c) بعد أن يصبح الموز كريميًا ، أضف مسحوق ماتشا للشاي الأخضر واخلطه.

d) قدميها على الفور.

76. رهبان ماتشا وتوت العليق

يجعل: 4

مكونات:
- 95 جرام زبدة غير مملحة ، مكعبات
- 135 جرام بياض بيض
- 150 جرام سكر حبيبي
- 100 جرام لوز
- 60 جرام طحين
- 12 جرام شاي ماتشا أخضر
- قليل من الملح
- اختياري: توت العليق الطازج / المجمد

تعليمات:

a) دهن علب المافن بالزبدة ورش الدقيق قليلًا فوقها.

b) سخني الزبدة في مقلاة على نار متوسطة واتركيها تنضج حتى يصبح لونها بنياً ذهبياً.

c) أطفئ النار وأطفئ النار بمجرد أن يصبح لونها بنياً ذهبياً ، وإلا ستنتقل من اللون البني الذهبي إلى الأسود بسرعة كبيرة. اتركيها تبرد حتى تصل إلى درجة حرارة الغرفة بينما تحضرين باقي المكونات.

d) في وعاء ، ضعي السكر والدقيق واللوز المطحون ومسحوق الماتشا والملح معًا. اخفقي المكونات الجافة قليلاً.

e) أضيفي الزبدة واخفقي المزيج.

f) يُضاف بياض البيض ببطء أثناء الخفق حتى يتجانس. لا تحتاج إلى زيادة حجم بياض البيض. أفعل كل هذا يدويًا لأنك تحتاج فقط إلى الخليط معًا.

g) تُسكب عجينة الخبز بالملعقة في قوالب المافن المدهونة بالزبدة. ضع ثمرة توت في وسط الفرند. اخبزيها في فرن محمى على درجة 190 درجة لمدة 15 دقيقة أو حتى تعود لتلامسها مرة أخرى.

h) اتركه ليبرد قليلاً في علب المافن قبل فك القالب. بردهم تمامًا على رفوف سلكية قبل التقديم.

77. ماتشا ترافلز

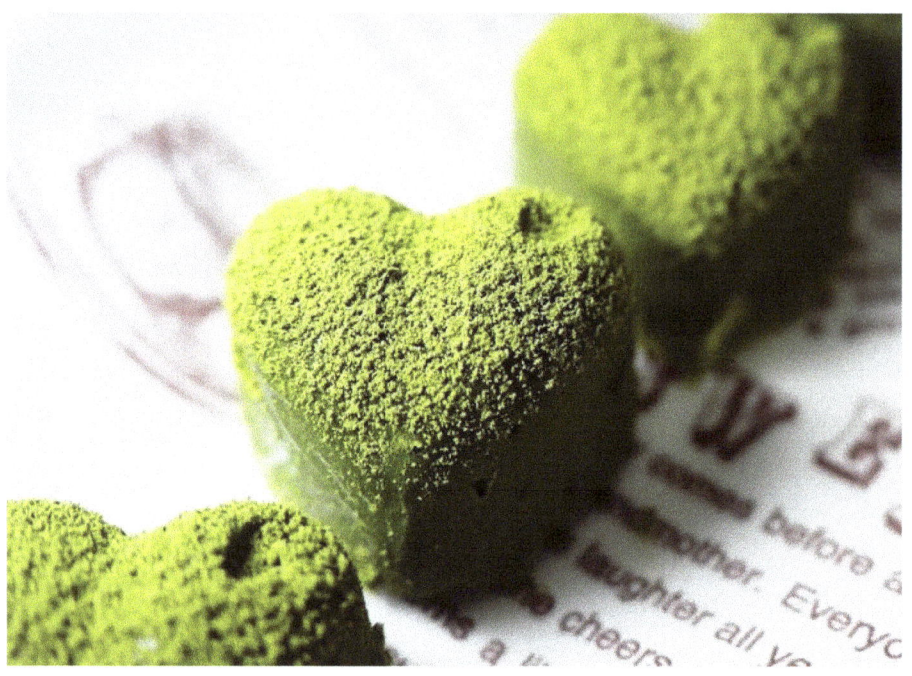

يصنع: حوالي 50 كمأة

مكونات:
- 225 جرام كريمة ثقيلة
- ربع كوب شراب القيقب
- 2 ملاعق كبيرة سكر بني
- 1 ملعقة كبيرة شاي ماتشا الأخضر ، بالإضافة إلى ملعقة أخرى للغبار
- 340 جرام شوكولاتة حلوة ومرة مفرومة ناعماً
- رشة من ملح الماتشا أو ملح كوشير

تعليمات:
a) يُغلى المزيج على نار هادئة في قدر صغير على نار خفيفة ، ويُضاف شراب القيقب والسكر البني ويُحرّك المزيج حتى يذوب لمدة دقيقتين تقريبًا.

b) أضيفي ملعقة كبيرة من شاي الماتشا وقلبي حتى يذوب واتركيه جانبًا.

c) توضع الشوكولاتة في وعاء خلط كبير وتُسكب في خليط الكريما. اخلطيها جيدًا واسكبيها في صينية خبز مبطنة بورق زبدة. قم بتنعيمه باستخدام ملعقة مطاطية. تبرد في الثلاجة لمدة ساعة تقريبًا.

d) باستخدام ملعقة ، اخرج ملعقة صغيرة ممتلئة وصنع كرة باستخدام راحة يديك. كرر حتى يتم استخدام كل الشوكولاتة - يجب أن ينتهي بك الأمر مع حوالي 50 كمأة.

e) رتبهم على صينية أو طبق ، ورشهم بالماتشا الإضافية باستخدام منخل ناعم. قمة مع رش خفيف جدا من ماتشا.

سموثي وكوكتيل

78. عصير ماتشا

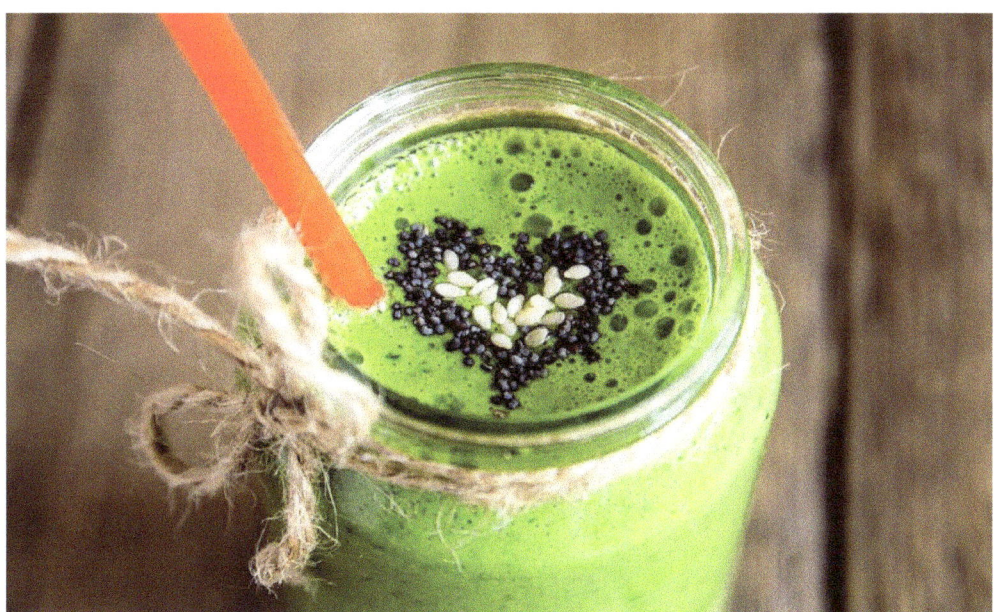

يجعل: 1 حصة

مكونات

- 1 كوب حليب لوز
- 1 ملعقة كبيرة مسحوق ماتشا
- 1 موزة مجمدة أو أناناس ، مفرومة

تعليمات

a) أضف حليب اللوز وماتشا والموز أو الأناناس المجمد إلى خلاط عالي السرعة.

b) اخفق حتى يصبح العصير ناعمًا ودسمًا. قدميها على الفور.

79. عصير البروكلي والكراث والخيار

يجعل: 2

مكونات:

- 1 كوب بروكلي
- 2 ملاعق كبيرة زبدة كاجو
- 2 كراث
- 2 خيار
- 1 ليمونة
- نصف كوب خس
- نصف كوب ورق خس
- 1 ملعقة طعام ماتشا
- 1 كوب ثلج مبشور

تعليمات:

a) يُمزج في الخلاط.

b) يخدم.

80. سموثي كاكاو وسبانخ

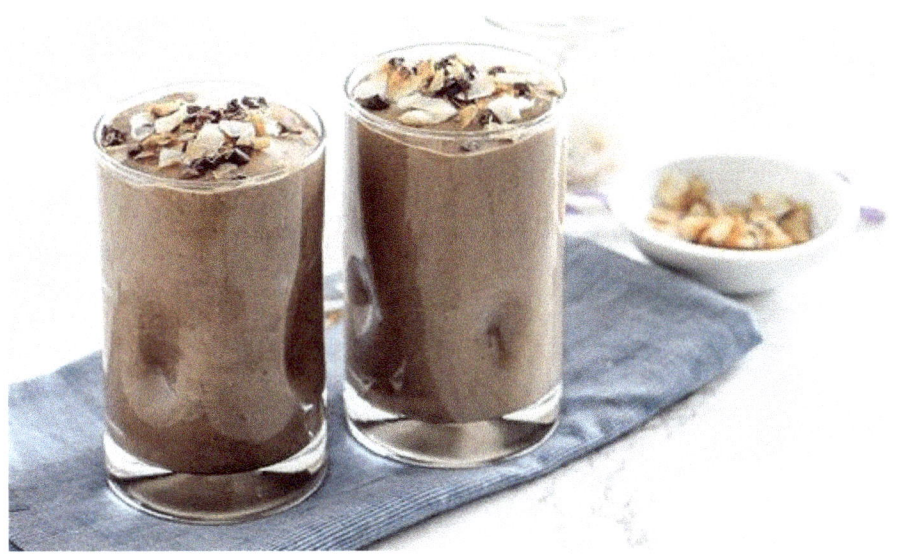

يجعل: 2

مكونات:

● 2 كوب سبانخ
● 1 كوب توت مجمد
● 1 ملعقة كبيرة مسحوق كاكاو غامق
● نصف كوب من حليب اللوز غير المحلى
● كوب ثلج مجروش
● 1 ملعقة صغيرة عسل
● 1 ملعقة كبيرة مسحوق ماتشا

تعليمات:

a) يُمزج في الخلاط
b) يخدم

81. مخفوق ماتشا

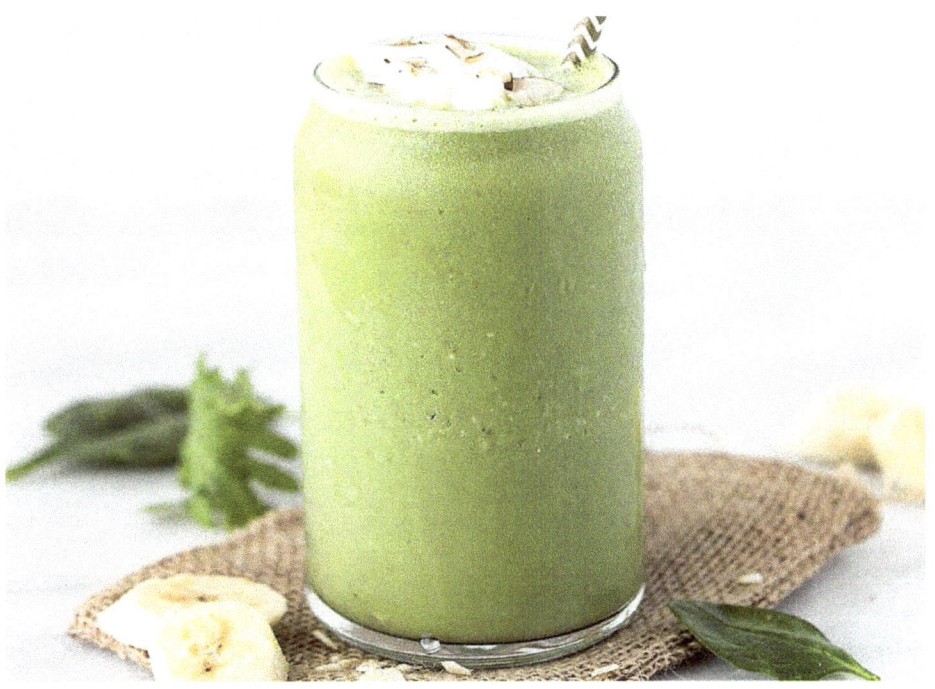

يصنع: 4 حصص

مكونات:

- نصف كوب لوز
- كوب تمر منزوع النوى
- 1 ملعقة طعام ماتشا
- 3 أكواب من الماء المصفى
- نصف ملعقة صغيرة من مسحوق الماكا
- 1 كوب ثلج

تعليمات:

a) يُمزج اللوز والتمر وماتشا والماء وماكا والثلج في الخلاط عالي السرعة ويخلط حتى يصبح ناعمًا. أضيفي الثلج واخلطي حتى يمتزج جيدًا.

b) يُفضل تقديمه على الفور ولكنه سيحتفظ به لعدة أيام في الثلاجة.

82. شيك فانيلا ماتشا أفوكادو

يجعل: 2

مكونات:

- 1½ كوب حليب لوز
- 2 ملعقة من مسحوق بروتين الفانيليا
- نصف ملعقة صغيرة من خلاصة الفانيليا
- ثمرة أفوكادو مقشرة ومقشرة
- 2 ملاعق صغيرة مسحوق ماتشا
- حفنة من السبانخ

تعليمات:

a) حتى مزيج سلس.
b) تذوق واضبط الثلج أو المكونات إذا لزم الأمر.

83. شاي الماتشا والنعناع

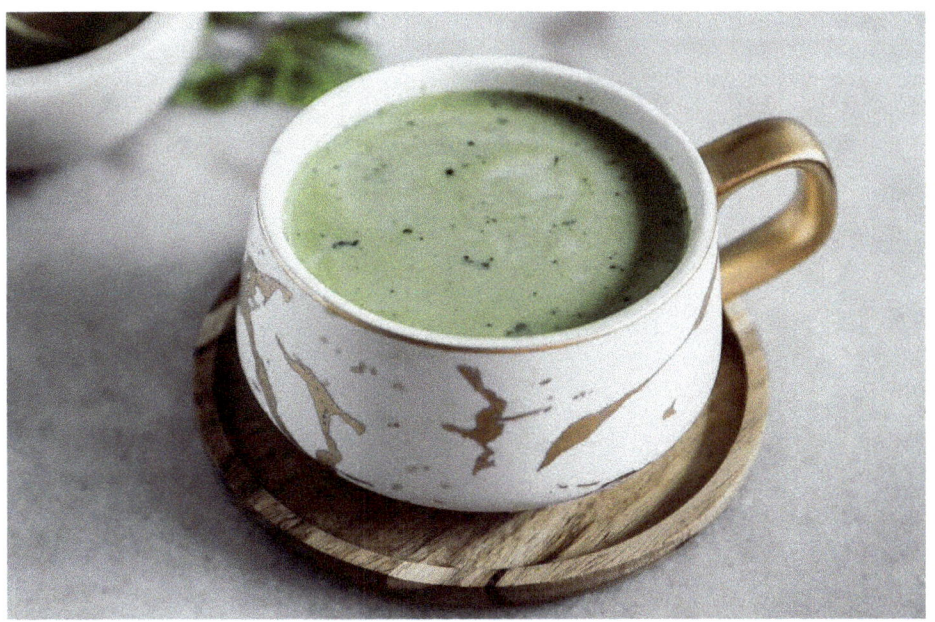

يجعل: 2 حصص

مكونات:

- ● 1 مغرفة صغيرة من مسحوق الماتشا
- ● شراب النعناع
- ● المياه المبردة
- ● جليد

تعليمات:

d) يُمزج مسحوق الماتشا والشراب في كوب.

e) قم بتعبئة ما يصل إلى ¾ بالماء.

f) يقلب ويضاف الثلج لملء.

84. عصير الماتشا والماكا وبذور الكتان والطحينة

يصنع: 1 كوب

مكونات:
● نصف كوب حليب نباتي
● 1 موزة كبيرة
● كوب توت مجمد
● نصف كوب من التوت الطازج
● 1 ملعقة صغيرة مسحوق ماتشا
● 1 ملعقة صغيرة من بذور الكتان المطحونة
● 1 ملعقة صغيرة مكا
● 1 ملعقة صغيرة طحينة

تعليمات:
a) ضع جميع المكونات معًا في إبريق للخلط.
b) امزج حتى يصبح سموذي كريمي.
c) رشي القليل من الكتان المطحون أو التوت الطازج.
d) يُفضل تقديمه على الفور.

85. مبرد محلج التفاح وإكليل الجبل وماتشا

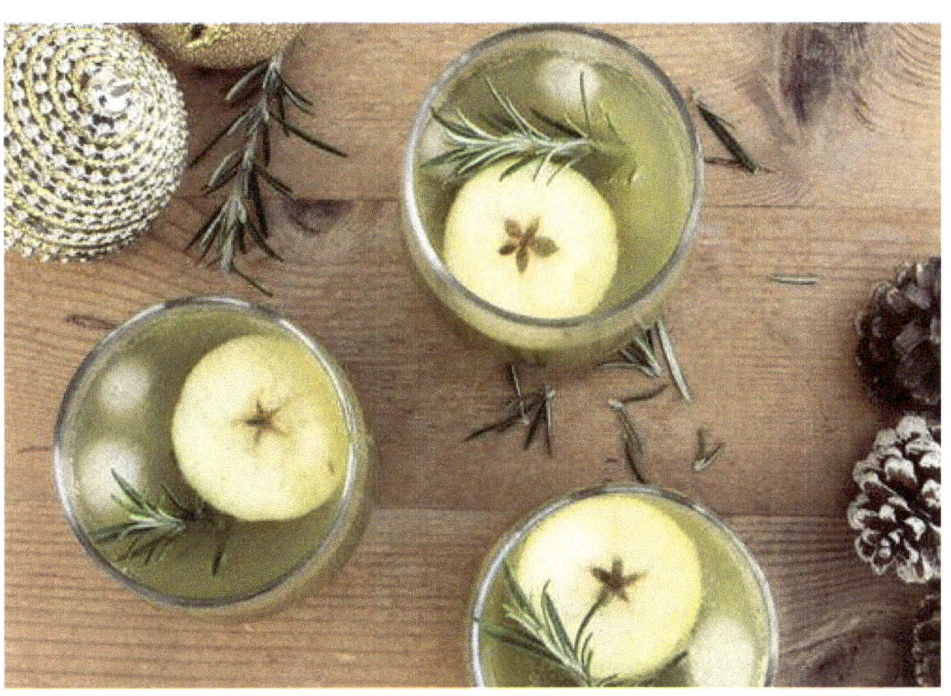

يجعل: 2

مكونات:

- 1 ملعقة صغيرة من مسحوق الماتشا
- 3 تفاحات خضراء
- 3 ملاعق كبيرة من الجن
- 1 ملعقة كبيرة عسل
- 2 ملاعق كبيرة عصير ليمون
- 2 أغصان إكليل الجبل
- مياه غازية
- جليد

تعليمات:

a) أزل لب التفاح والعصير. أضف عصير التفاح وعصير الليمون ومسحوق الماتشا والعسل والجن ورجها بقوة في وعاء كوكتيل أو وعاء بغطاء.

b) يُسكب فوق الثلج في كوبين مبردين ، ويُضاف غصن إكليل الجبل ، وشرائح التفاح الإضافية ويُضاف إليها ماء الصودا للحصول على كوكتيل أرق.

86. الماتشا والنعناع والليمون والليمون

مكونات:

- 2-1 ملعقة صغيرة مسحوق ماتشا
- 1 لتر ماء مبرد
- 2 حبات ليمون ، مقطعة إلى شرائح رفيعة
- 2 حبة ليمون مقطعة إلى شرائح رفيعة
- حفنة كبيرة من أوراق النعناع الطازجة

تعليمات:

a) أضف جميع المكونات إلى زجاجة كبيرة أو إبريق زجاجي.

b) اتركيه للجلوس لمدة ساعتين على الأقل في الثلاجة قبل التقديم مع الكثير من الثلج.

87. عصير ماتشا بروبيوتيك الكفير

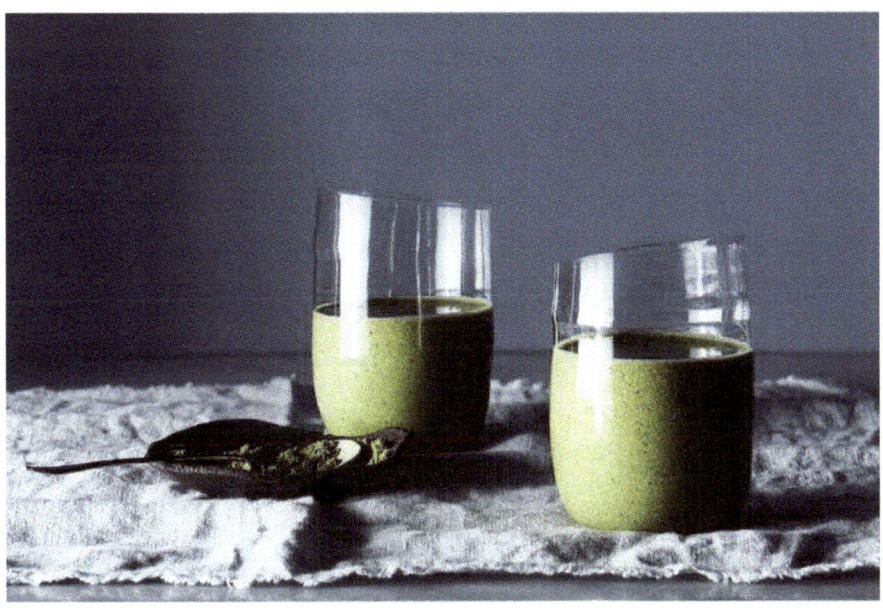

يجعل: 1

مكونات:

● 1 ملعقة صغيرة مسحوق ماتشا
● 300 مل حليب جوز الهند الكفير
● حفنة صغيرة من اللفت أو السبانخ
● ½ أفوكادو
● 1 موزة
● 1 ملعقة كبيرة مسحوق كولاجين
● 1 ملعقة طعام بذور عباد الشمس
● 1 ملعقة صغيرة بذر الكتان
● 3 مكعبات ثلج

تعليمات:

a) ضعي جميع المكونات في الخلاط واخلطيها حتى تصبح ناعمة.
b) تصب في كوب وتزين بالورود الصالحة للأكل وجوز الهند المجفف.

88. عصير الماتشا والشوكولاتة والموز

يجعل: 2

مكونات:

- نصف ملعقة صغيرة من مسحوق الماتشا
- 2 ملاعق كبيرة مسحوق سوبر كاكاو
- 1 موزة
- ½ أفوكادو
- 2 تمر مجهول
- 2/1 1 كوب حليب غير ألبان

تعليمات:

a) أضف جميع المكونات إلى الخلاط واخلطها حتى تصبح ناعمة.

b) قدميه مع رش حبيبات الكاكاو حسب الرغبة.

89. عصير ماتشا أفوكادو

يجعل: 3

مكونات:
- ½ أفوكادو مقشر ومكعب
- ⅓ خيار
- 2 كوب سبانخ
- 1 كوب حليب جوز الهند
- 1 كوب حليب لوز
- 1 ملعقة صغيرة مسحوق ماتشا
- ½ عصير ليمون
- نصف ملعقة صغيرة من مسحوق بروتين الفانيليا
- ½ ملاعق صغيرة من بذور الشيا

تعليمات:
a) يُمزج لب الأفوكادو مع الخيار وبقية المكونات في الخلاط حتى يصبح ناعمًا.
b) يخدم.

90. عصير البروكلي ماتشا

يجعل: 2

مكونات:

- ● 1 كوب بروكلي
- ● 2 ملاعق كبيرة زبدة جوز الهند
- ● 1 ليمونة
- ● 1 ملاعق كبيرة ماتشا
- ● 1 كوب ثلج مبشور

تعليمات:

c) يُمزج في الخلاط.
d) يخدم.

91. عصير ماتشا كالي

يجعل: 2

مكونات:
- 2 كوب كرنب
- 1 كوب توت مجمد
- 1 ملعقة كبيرة مسحوق كاكاو غامق
- نصف كوب من حليب جوز الهند غير المحلى
- كوب ثلج مجروش
- 1 ملعقة صغيرة عسل
- 1 ملعقة كبيرة مسحوق ماتشا

تعليمات:
c) يُمزج في الخلاط
d) يخدم

92. مخفوق ماتشا MCT

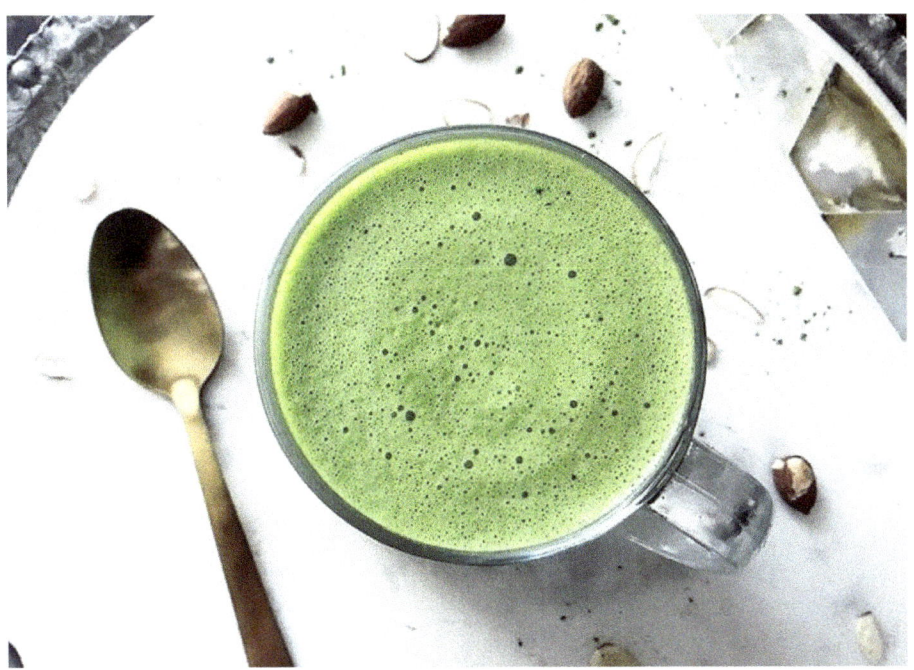

يصنع: 4 حصص

مكونات:
● نصف كوب لوز
● كوب تمر منزوع النوى
● 1 ملعقة طعام ماتشا
● 3 أكواب من الماء المصفى
● نصف ملعقة صغيرة زيت ثلاثي قنطار
● 1 كوب ثلج

تعليمات:
c) يُمزج اللوز والتمر وماتشا والماء وزيت MCT والثلج في الخلاط عالي السرعة ويخلط حتى يصبح ناعمًا.

d) أضيفي الثلج واخلطي حتى يمتزج جيدًا.

e) يُفضل تقديمه على الفور ولكنه سيحتفظ به لعدة أيام في الثلاجة.

93. سموثي الشاي الأخضر والزنجبيل

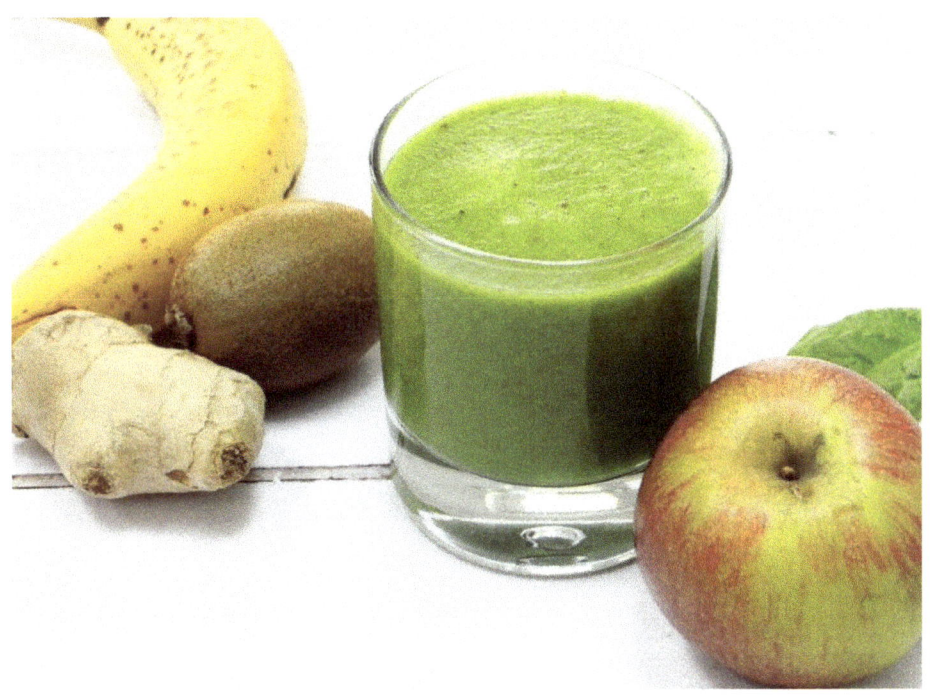

يجعل: 2

مكونات:
- 1 كمثرى أنجو ، مفرومة
- كوب زبيب أبيض أو توت مجفف
- 1 ملعقة صغيرة من الزنجبيل المفروم الطازج
- 1 حفنة كبيرة من الخس الروماني المفروم
- 1 ملعقة طعام من بذور القنب
- 1 كوب شاي أخضر غير محلى ومبرد
- من 7 إلى 9 مكعبات ثلج

تعليمات:
a) توضع جميع المكونات ماعدا الثلج في خليط ، ونخفق حتى تصبح ناعمة وكريمة.

b) أضف الثلج وعملية مرة أخرى. شرب مبرد.

94. شاي أخضر ليميد

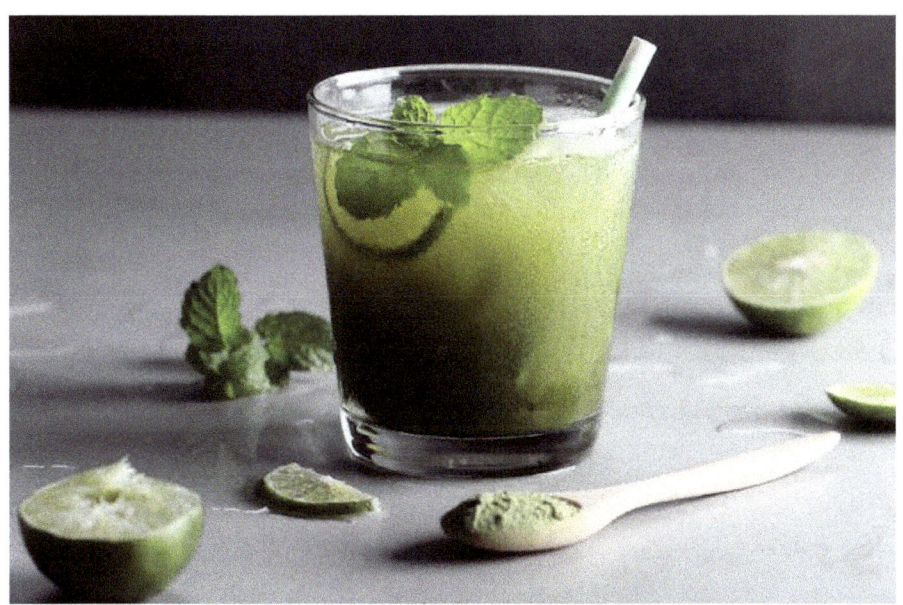

يصنع: 20 حصة

مكونات:

● 2 كوب ماء مغلي
● 4 أكياس شاي أخضر
● 2 علب 12 أونصة من مركز ليميد مجمدة
● مقبلات: أسافين الجير

تعليمات:

a) في إبريق الشاي ، اخلطي الماء المغلي وأكياس الشاي. دعه يقف لمدة 10 دقائق. تجاهل أكياس الشاي. دع الشاي يبرد قليلاً. في إبريق كبير ، قم بإعداد ليميد مجمدة وفقًا لتعليمات العبوة.

b) يقلب في الشاي تغطية والبرد. تُزين بأسافين الليمون.

c) احفظ العصير الأحمر من برطمانات كرز ماراشينو. قلّب القليل منه في عصير الليمون أو مشروب الزنجبيل أو الحليب للحصول على مشروب وردي حلو سيحبه الأطفال.

95. مخفوق رقائق الشوكولاتة بالنعناع

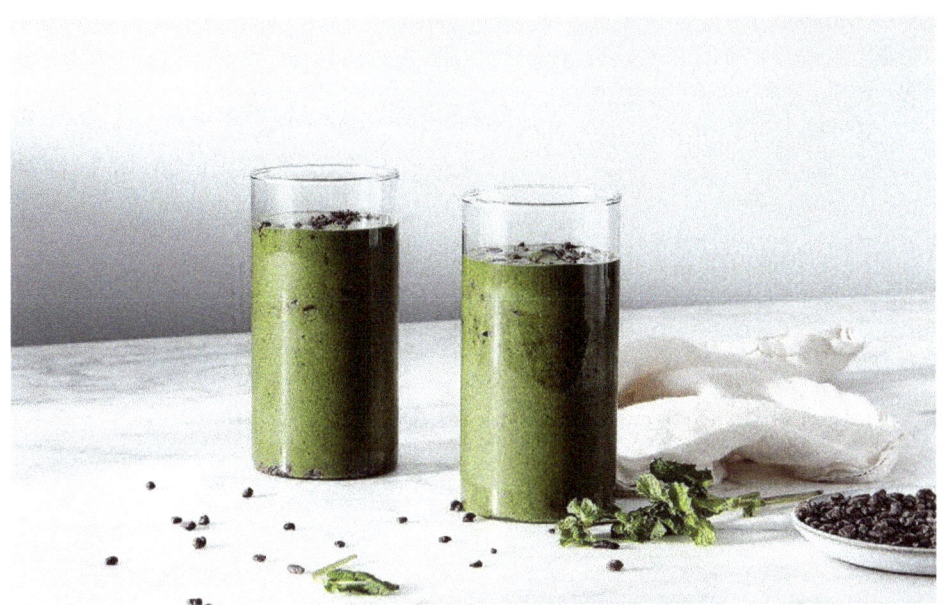

يجعل: 2

مكونات:

- 2 ملعقة من مسحوق بروتين الشوكولاتة
- 12 أونصة شاي أخضر بنكهة النعناع
- 1 ملعقة كبيرة مسحوق كاكاو خام
- 1 ملعقة كبيرة حبيبات كاكاو
- 3 مكعبات ثلج

تعليمات:

a) ضع جميع المكونات في الخلاط لمدة 30-60 ثانية.

96. ماتشا رم شيك

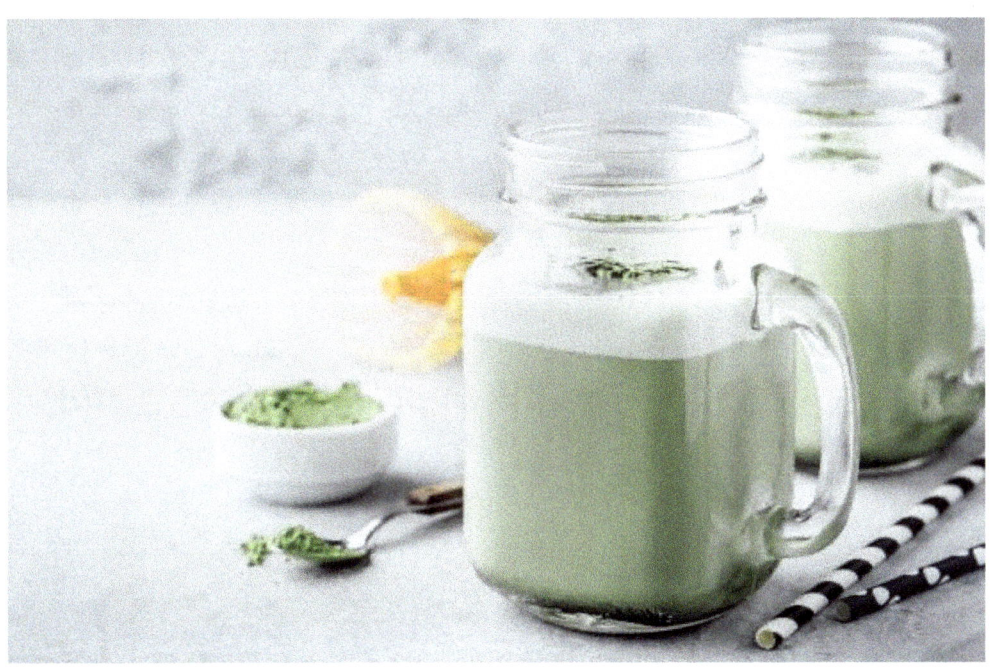

يجعل: 2

مكونات:

- 1½ كوب حليب لوز
- ¼ ملعقة صغيرة من خلاصة الروم
- ثمرة أفوكادو مقشرة ومقشرة
- 2 ملاعق صغيرة مسحوق ماتشا

تعليمات:

c) حتى مزيج سلس.
d) تذوق واضبط الثلج أو المكونات إذا لزم الأمر.

97. ماتشا وجوز الهند فرابيه

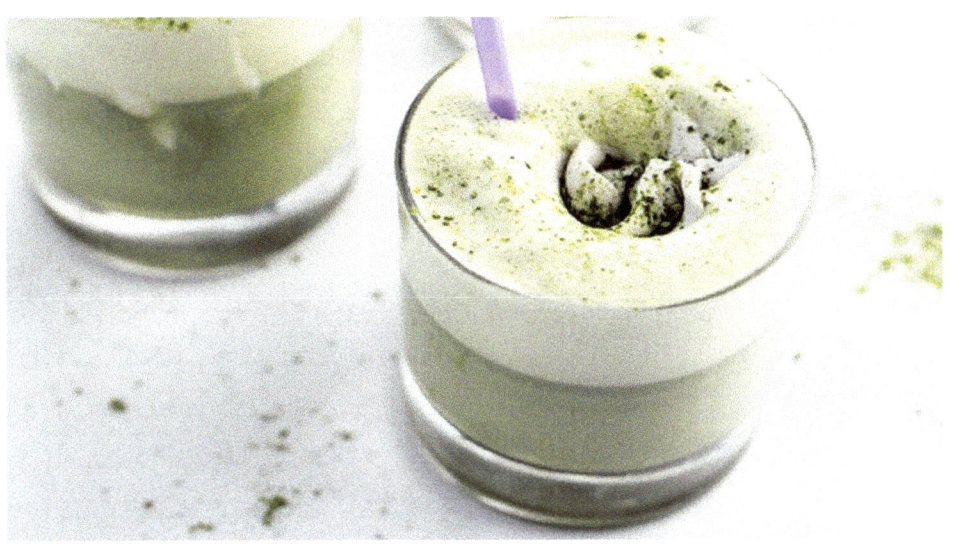

يجعل: 2

مكونات:

- ثلج + حليب جوز الهند
- 1 سكوب زبادي فرابيه
- 1 مغرفة صغيرة من مسحوق الماتشا

تعليمات:

a) املأ الكوب بالثلج ، مستويًا مع الجزء العلوي من الكأس
b) صب الحليب على الثلج
c) اسكب محتويات الكوب في إبريق الخلاط
d) أضف فرابيه وماتشا
e) ضعي الغطاء بإحكام ثم اخلطي حتى تصبح ناعمة

98. ماتشا وفراولة فرابيه

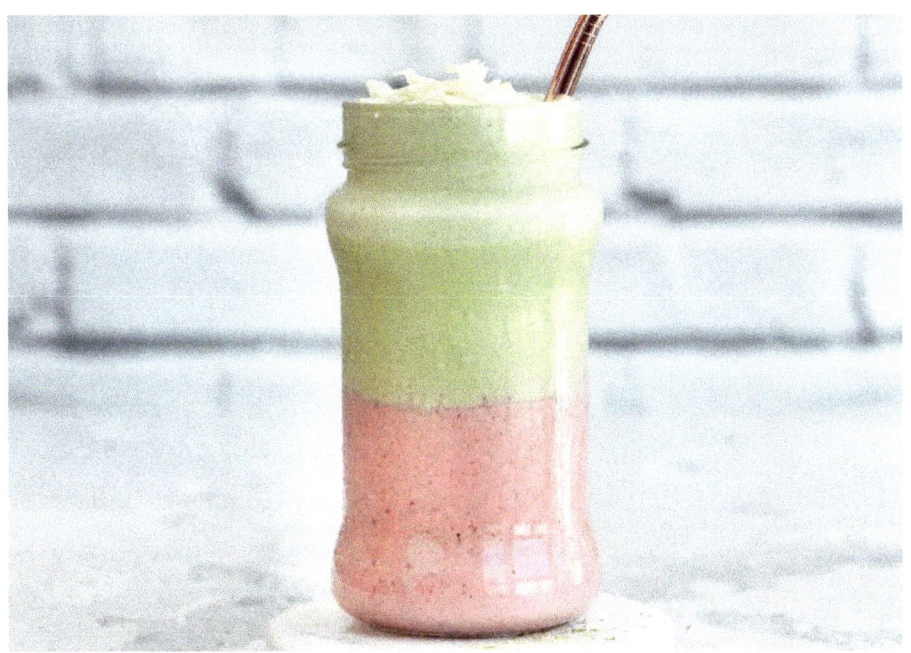

يجعل: 2

مكونات:
● ثلج + حليب
● 1 مغرفة صغيرة من مسحوق الماتشا
● مضختان من شراب الفراولة الخالي من السكر
● 1 مغرفة شوكولاتة بيضاء فرابيه

تعليمات:
a) املأ الكوب بالثلج ، مستوي أعلى الكوب
b) صب الحليب على الثلج
c) اسكب محتويات الكوب في إبريق الخلاط
d) أضف الماتشا والشراب ومسحوق فرابيه
e) حتى مزيج سلس

99. عصير الماتشا الزبادي

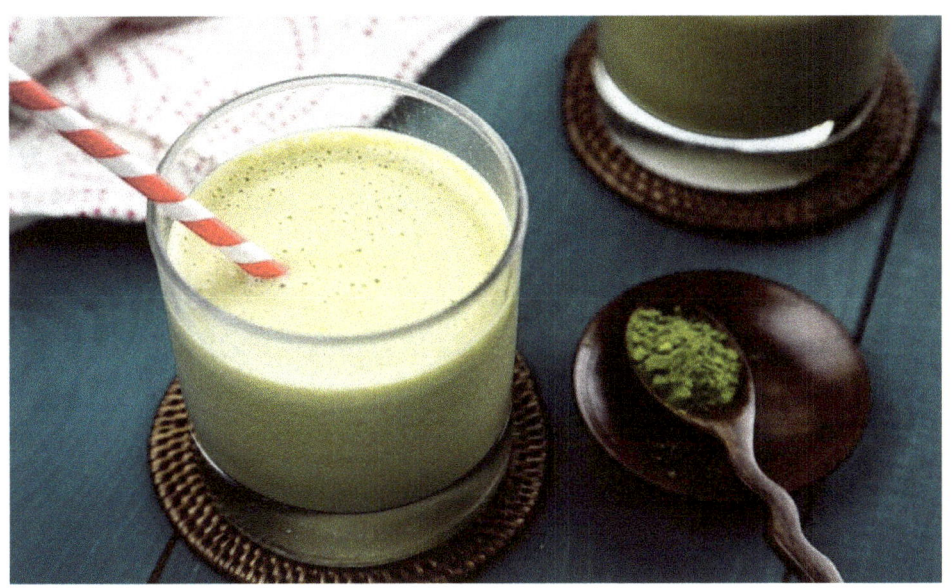

يجعل: 2

مكونات:

● نصف كوب زبادي
● 2 ملاعق كبيرة من العسل أو السكر
● . نصف كوب من مكعبات الثلج
● 1 ملعقة صغيرة شاي ماتشا الأخضر

تعليمات:

a) فقط ضع جميع المكونات في الخلاط واخلطها.

100. عصير ماتشا الفاكهة

227

يجعل: 2

مكونات:
- ¼ كوب توت
- نصف كوب زبادي
- · نصف كوب من مكعبات الثلج
- 1 ملعقة صغيرة شاي أخضر ماتشا

تعليمات:
a) امزج المكونات في خلاط كهربائي ثم اسكب الخليط في صنف طويل. يفضل شربه مباشرة بعد التحضير.

b) يمكنك إضافة الكيوي والموز والمانجو ونكهات النعناع أو الزنجبيل ، الأمر كله متروك لك وتفضيلاتك.

خاتمة

شكرا لانضمامك لي في هذه المغامرة الطهي ماتشا! آمل أن يكون كتاب الطبخ هذا قد ألهمك لاستكشاف عالم الماتشا وجميع الأطباق اللذيذة والصحية التي يمكن صنعها معها.

تذكر أن الماتشا ليست مجرد مكون عصري ، ولكنها أيضًا قوة من العناصر الغذائية والفوائد الصحية. يمكن أن يؤدي دمجه في نظامك الغذائي إلى تحسين التركيز الذهني وزيادة الطاقة وزيادة الرفاهية العامة.

أنا أشجعك على مواصلة تجربة الماتشا في طبخك ومشاركة إبداعاتك مع الأصدقاء والعائلة. لا تخف من تجربة أشياء جديدة وعمل الوصفات الخاصة بك عن طريق إضافة لمسة فريدة من نوعها.

شكرًا لك مرة أخرى على اختيار The كتاب الطبخ ماتشا النهائي كدليل للطهي باستخدام الماتشا. طبخ سعيد!

.